胡自逢著

金文釋例

雨盦署

文史哲出版社印行

金文釋例 / 胡自逢著. --初版. --臺北市：
文史哲, 民 105.1 印刷
356 頁 21 公分.
ISBN 978-957-547-658-8（平裝）

金 文 釋 例

著　　者：胡　　　自　　　逢
出 版 者：文　史　哲　出　版　社
http:// www.lapen.com.tw
e-mail：lapen@ms74.hinet.net
lapentw@gmail..com
登記證字號：行政院新聞局版臺業字五三三七號
發 行 人：彭　　　正　　　雄
發 行 所：文　史　哲　出　版　社
印 刷 者：文　史　哲　出　版　社
臺北市羅斯福路一段七十二巷四號
郵政劃撥帳號：一六一八〇一七五
電話886-2-23511028 · 傳真886-2-23965656

定價新臺幣四六〇元

一九七四年（民六十三）九 月 初 版
二〇一六年（民一〇五）元月（BOD）初刷

ISBN 978-957-547-658-8　　81101

金文釋例目次

金文釋例

前言

先秦古金，多載銘識，兩漢之際，時有出土。徵諸乙部，張敞、竇憲，先後獲觀古鼎文字。馬、班二史，迭有記載。許叔重敘說文解字謂：「郡國亦往往于山川得鼎彝，其銘即前代之古文。」此金文學之肇端也。下逮有宋，劉、呂、王、薛諸家，始有專書著錄。其所訓釋，略見眉宇，考訂之功，于斯為盛！降至有清，遂成專門之業。嘉慶、同光間，錢、阮、潘、吳，先後著書，時發真義，至吳大澂、孫仲容、王靜安，持論更精，其應用訓詁、考物，徵史之方，亦云備矣。

金文之學，莫先於通讀古文，第自秦廢斯學，以小篆同天下之書，先秦舊文，遂用中絕，漢人掇拾遺亡，僅通四五，壁經雖出，而師讀罕傳。故古文廢于秦火，再缺于炎劉，魏晉以降，日益澌微！學者欲窺三代遺迹，舍金文奚取乎？三代文字，具見彝器，自宋考古、博古兩圖刊定，始集古器之大成。後之人規摹傳拓，咸有依據。于是瞭然復見古篆之真迹，夫書缺簡佚，上古茫昧難知，六經諸子，由篆變隸，積久而聲義俱失，加以後儒塗竄緣飾，幾至莫可徵信！獨彝銘為古代所遺，沈埋土中，皆本來面目，為直接之史料，然則居今日而欲考古文字制作，演進之源，古籀小篆變遷之迹，舍彝銘何由哉？若以之辨識疑文，稽考古籍，補史籀之闕，辨文字之譌，正器物之名，研工藝之技，則其有關我國古代歷史，政制，以及民族、民俗，文學，文字者，其淺鮮哉！

研稽金文，正字為先，以達考古之目的。雖必先明一字之形體原流，始可洞悉其本義。而字形之辨析良難者，蓋于器物之真偽，出土洗剔之工拙，字體之繁複詭異，失之毫釐，謬以千里。故于點畫之辨析，其詰屈俯仰之微，亦不可忽諸！字形既得，其義自明，近世復有甲骨，石鼓文之真拓，考文之時，由金文而上下甲石文字，因博蒐以袪其偏蔽；循原委而觀其會通，則古文字學之體段具矣。當吾人既獲可資之文字，必整齊而推校之，而後取與經傳原文，校勘參詳。于其時代，名物，典制，文獻，均宜反覆尋繹，而于古文之義例，聲音之通段，尤宜三致其意，始能有所創獲，裨益經史也。

前人初為銘文，本在自名而已。詞約意簡。其後人文蔚興，器銘加詳，彬彬往賢，遂有意于造作，故文藻之雕繪，日以繁縟。各本其當時之習尚，臨文之好惡，其放言遣詞，洵多變矣。然于文字思理之迹，同異分合之間，似有條例之可尋。苟稍加紬繹，則有通例存焉，有凡例次焉。若左氏之發凡示例，如指諸掌，亦固理之自然耳。近世金文大家，復多以詞例通釋金文者，是例之為用至顯也！本乎既得之例，以推究其餘，則其文字義理，庶可渙然以冰釋，怡然而理順，此釋例之所由敘次也。

茲編凡四章：由字之形體，文句之結構，銘文之分布，以及典制之推尋，皆專章以論列之，溯自趙宋以迄清代，為金文學隆盛之時。其間圖錄器形者有之，考釋文字者尤多，而于釋例一體，尚乏專錄。用敢披撿舊著，裒輯前聞，次為金文釋例，以便初學之士。若進而擇要鈎玄，探賾索隱，請竢好古博雅之彥，非膚受末學之所敢言也。

第一章 字體

考文之學，當審字體。爰自初文以逮秦篆，文字之孳乳流衍，至為繁複。然由金文字體以推溯厥初，若尖首銳尾，取於契刻；鳥蟲之篆，實源殷商。其源流猶可得而言也。王靜安先生，嘗以秦時古器遺文，証知戰國時秦用籀文，六國用古文。又曰：「古文，籀文，乃戰國東西二土文字之異名。其源皆出于殷商古文。」今按先秦古金，則殷周古文居多，而史籀，秦篆遞次之。是古文籀、篆變遷之迹，皆可于金文字體中求之。又考列國彝器，如宋公牼鐘之為宋公成，朱公牼華二鐘之為宣公悼公，楚曾侯二鐘之為惠王章，齊侯二𦉜之為祀陳桓子，陳侯錞之為齊威王器，其文仍為籀書，而體漸狹長，儼然小篆。則所以下開斯相之書體也。至于銘詞同而有省文羨文之殊，字本異而有形近疑似之嫌，此字形之所當知也。而其書法，亦每因器物之形制，審美之意識。文有上下倒置，或反正各別，一點一畫，或虛或實，同文異字，此合彼分，不明書法，易亂形體，此即致誤之主因，凡此皆于字體有關，首字體例。

形體既得，當明其用，則考訂文字尚矣。今存小學要籍，以說文解字居最！然是書多據漢隸以說古文，其中僞誤滋多。方今金文學大盛，古代彝器出土者，不下五六千品。傳拓影印之精，曼絕前代！吾人據金文資料，以考校說文，其遺誤之處，至易目取。許非不欲博稽金文，而當時所獲之彝器，至為尠少！考之史傳，如張敞所辨識，實憲所獲古鼎，其文字要不過數十。此其可取之資料，遠遜于今日者，又不啻千萬倍。許以極有限之左証，董理久變原形之字體，欲其無毫釐之爽，固不可得。竊謂今欲校訂說文，當以金文為綱，以說文形音義一貫之條理為紀，兩相勘合，字字斟尋。庶可截長補短，有助於字體之訂正，以及文字系統之建立，次考訂文字例。

上古質樸，字數鮮少，故有通假之法，以趨便易，一字之形體雖變，而音讀不殊，知其異字同音，則知以此假彼，而其義得矣，金文用字，往往變其形構：如祖之作且（盂鼎），璜之作黃（縣妃簋），答之作合（陳侯因資錞），唯之作隹（頌簋），斆之作學（盂鼎），盛之作成（叔家父匡），雖曰省體，亦皆假借之例。次通段例。

金文數字，亦具特立之形式，言數，則常隨物名，倍十，則每多合體，若金，玉之計算異名；絲、帛之稱數一揆，皆自為類別。不明乎此，通讀亦難，次數量例。

又若銘文之書寫，鑄范，亦每有奪誤！若執現存之句形以讀，必致誤釋全銘，昧其本旨，故終以銘文奪誤一例，凡此乃金文學之初基。而考文稽古，以証經傳，為茲編要領所在，則于典制一章再商推焉。

凡例

(一)凡周初器銘，王字皆作王，于皆作亏，命皆作令。

按古銘文，足以徵年。如成王時之盂鼎，昭王時之宗周鐘，穆王時之遹毁，厲王時之靜毁，前人已多証實。而于文字之形體，書法可考者如：

甲、大豐毀之于字皆作玗。

乙、小臣單觶之王字作玨。

右甲乙二器，皆武王時物。

丙、師旅鼎之王字作玨。

丁、令彝之命字作令，于作玗。

戊、令毀之王字作玨，命作令。

己、明公毀之命作令。

右丙、丁、戊、己、皆成王時器。

庚、庚嬴鼎之王作玨。

辛、大盂鼎之命字作令。

右庚辛二者，為康王時器。

右八器、據兩周金文辭大系斷列時限，此例尚多不贅，至毛公鼎之王，命字，皆與今同，其時固晚矣。（毛公鼎，今多以為宣王時物。）

(二)凡銘文言魯休，純魯，魯與嘉休字同義。

按彝銘之「對揚天子丕顯魯休。」之句例特多，如師望鼎，史頌鼎……等是，又如之

甲、叔氏鐘之「其嚴在上，數數熊熊，降余魯多福無疆，惟康右屯魯，用廣啟土。」

愙齋

乙、歸夅敦之「用旛屯彔永命魯壽子孫，歸夅，其萬年用享于宗室。」 愙十一冊

丙、無㠱敦之「無㠱拜手稽首曰：「敢對揚天子魯休令。」」 貞松堂集古遺文卷六

丁、秦公毀：「以受屯魯多釐，眉壽無疆。」貞松卷六。

右諸器「魯」、皆有嘉義、福祐義。吳清卿謂：「魯與嘉同義，史記周本紀：「魯天子之命，」魯世家作：「嘉天子之命」；詩閟宮：「眉壽保魯」亦祝詞，非專指魯侯矣。」

按吳以齊侯鎛之「保魯」字証詩：「眉壽保魯」、為通常之祝祐語，而孔疏以「而保其魯國」釋之，膠著之至，此銘文有裨于經傳之明徵也。

(三)凡彝器：有司、司徒、司馬、司寇之司、繼嗣之嗣，皆作𤔲。

按銘文𤔲字，大氏作𤔲頌鼎。𤔲師奎父鼎。𤔲毛公鼎諸形、如：

甲、史頌鼎：「王曰：『命女官𤔲司成周貯廿家：：：、』」

乙、寓鼎：「邑師氏眾有𤔲司」

丙、令鼎：「王射、有𤔲司眾師氏小子卿合射、」

丁、靜𣪘：「丁卯、王令命靜𤔲司䠶學宮、」

戊、豆閉𣪘：「𤔲嗣𡧊艅邦君𤔲司馬、」

右五器皆見兩周金文辭大系考釋上

乙、師𡚒父鼎：「𤔲司馬井白右師𡚒父：：：」兩周中

庚、師酉𣪘：「冊命師酉𤔲嗣乃且啻官邑人虎臣：：：、」兩周中

辛、免簠：「王在周、令命免作𤔲土司徒、」同上

壬、南季鼎：「用又左右俗父嗣司寇。」同上

癸、虞司寇壺：「虞嗣司寇伯吠作壺。」卷十四冊

右甲乙丙丁四器，嗣訓有司，專主意。戊己訓司馬，庚訓繼嗣，辛訓司徒，壬癸即司寇，于義至為明白。

(四)凡金文從皿之字，其偏旁亦書作金。

按从皿从金，古字不拘，如盤可作鎜 伯侯父盤。盨可作鑐 叔姑盨。盌可作鋺 右里盌。匜可作𥁕 叔上匜。亦作鉈 史頌匜。此大氐器屬青銅，故从金也。

(五)凡言𣁋某某者，多頌禱之詞。

按金文此字皆从㫃从斲，即古祈字，如：

甲、郘鐘：「樂我先且祖，旨𣁋眉壽。」貞松卷一

乙、敶子子匜：「用𣄨口壽萬年無疆」、愙十六冊

丙、歸夆敦：「用𣄨屯彔永命魯壽」、愙十二冊

丁、遲簋：「用𣄨眉壽口口」愙十五冊。

又「𣄨匄」連用，亦訓祈求，如：

戊、尨姞敦：「用𣄨匄眉壽」愙十一冊。

己、殳季良父壺：「用𣄨匄眉壽」、愙十四冊。

(六)凡言媵者皆嫁器

按媵字說文作佚、訓送也、媵器即送女之器也。

如：

甲、朋中作畢媿鼎：「朋中作畢媿賸媵鼎」、

貞松、卷二。

乙、叔姬簋：「曾侯作叔姬邛嫺賸器」、貞松卷六

賸即媵字、古通叚也。說文：「賸、物相增加也、一曰送也」。古刻本亦作朕，蓋省文也。亦叚塍為之、伯元匜云塍匜是，按甲、乙二者曰賸鼎、丙不曰賸簋而遲曰賸器、是言媵者皆媵器、所謂贈嫁之器也。

(七)凡重複字或器蓋同文、往往變体書之。

按古人作書、每避免字體之重複、若器蓋同文、則增損其偏旁、或左右互易，見于諸家著錄者、類難指數、例略。

(八)凡紀物數、每先物而後數。

按金文數字緊承名物之下，其例至多、如：

甲、剌鼎：「王錫剌貝三十朋」三吉。

乙、系伯𣪘：「馬四匹」三吉。

丙、馭方鼎：「馬四匹、矢五」、愙三冊。

丁、衛公叔𣪘：「錫無己其馬四匹」、愙九冊。

戊、使夷𣪘：「賂馬兩、金十鈞」、愙十冊。

己、愙𣪘：「用為寳器、鼎二、𣪘二」、愙十二冊。

(九)凡金文中仲二字形近有別。

按金文「中」字豎畫、上下有同數之旒、或二或三，乃指事字，與本末同意，謂中央之圍，適正中也。仲則作中、上下無旒、此則中的之中、會意、中直象矢、腰環象的、說見兩周金文辭大系考釋、茲例多從略。

(十)凡言官𤔲、皆管理之意。

按如：

甲、𢦏𣪕：「官𤔲耤田」

乙、揚𣪕：「官𤔲糴田甸」

丙、周𣪕：「官𤔲厥僕、小射、底漁……」以上均見吉金文錄。

(十一)凡生人言鄉、已故言享。

按彝銘通例：宴饗字作鄉，即饗字、祭神則曰享。如：

甲、趙曹鼎：「用作寶鼎、用鄉朋友」貞松、三冊。

乙、鄧鼎：「鄧作口𣪕兩、其萬年用鄉賓」愙、八冊。

丙、乙未𣪘：「乙未鄉事，錫小子師貝二朋」（愙、六冊。）

丁、先獸鼎：「先獸作朕考寶尊鼎……，用朝夕鄉厥多朋友」（同上）

戊、追𣪘：「用作朕皇且考尊𣪘、用享孝于前文人……」（貞松、六冊。）

己、封仲𣪘：「封仲作朕皇考趄仲將彝尊𣪘、用享用孝」（愙、十一冊。）

庚、善夫克盨：「用朝夕享孝于皇且考」

辛、鄀公平侯鼎：「自作尊盨、用追孝于厥皇且，永寶用享。」（周金文存）

（十二）凡商用為賞字義。

按商用為賞、銘刻通例、如：

甲、癸亥父己鼎：「商作冊豐貝」

乙、癸亥敔：「商貝、」

右二銘皆商省。

丙、己酉彝：「商貝十朋、」

丁、延彝：「𢦏商延貝、」以上四器均見奇觚

右二銘皆从口。

古刻亦用商、見征人鼎、而商賞通用、古刻以外、不見雅訓、惟書費誓云：「我商賚汝、」僅存古義、後儒不識通叚、乃以「商度」解之、非也。

(十三)凡字之加从廾或又者、皆為動詞。

按如酉（酒尊）之作䣽召仲鬲、盂爵、父癸毀是

、鼎之作𪔅函皇父𣪘是。

(十四)古器銘凡諸字均作者。

按如：

甲、子璋鐘：「用樂父兄者諸士」兩周、下。

乙、曾子仲宣鼎：「其者諸父者諸兄」、貞松、卷三。

丙、邾公牼鐘：「以善者諸士」兩周、下。

丁、令彝：「眔百工、眔者諸侯」、兩周、上。

茲例多、不更舉、自秦詔權始用「諸」字矣、以往均以「者」作「諸」字也。

(十五)金文凡陳國之陳作敶、篡齊之田氏作塦。

按如舊陳國、（周初封舜之後于陳、今河南開封附近地區）有：

甲、敶公子甗。

乙、敶侯簠。

丙、敶子匜。

丁、敶伯元匜。

右四器字皆作「敶」、而

戊、塦眆毁。

己、塦逆簠。

庚、塦逆簋。

辛、塦曼簠。

右四器皆田敬仲之後人所作、字作塦有別也。

一字體例

1. 字體源流例

(1) 金文甲文同系例

(1) 史普鼎：「史㫺異止忯貝」貞松、卷一。

史普其作旅鼎

按鼎文㫺字與甲文㫺字（見卜辭通纂一六八片）同為昔字，上象洪水，下从日（水災之日）按為洪水滔天之日也。書堯典：「湯湯洪水方割、蕩蕩懷山襄陵，浩浩滔天。」字當為堯後所造，意為往日。甲文之形（㫺）已簡化，一般言之，殷契當在金文之前，但就此片（卜通一六八）言，又似在金文之後也。（本高師說）

(2) 奠羊白鼎：「酉羹⊙止……用」貞松，卷三。

羅振玉曰：「羹殆羊字，殷虛卜辭或作𦍌，殷虛書契卷四。作𦍌，鐵雲藏龜之餘。作𦍌書契後編卷下，象羊就牽形，乁象牽羊之索，此鼎羊字下从○，即卜辭之乁，但略變耳；奠下从兀，銹掩不可辨」按羅氏云云，足證金文、甲文同出一系明矣。

(3) 史頌鼎：「三年五月丁子」貞松，卷三。

按「丁子」之「子」字，自宋以來，異說頗多，羅氏定以為「巳」字甚是。卜辭中凡今十二支之「巳」字，皆作子如：

甲、「癸子卜……」卜通，三二片。

乙、「癸子巳王……」卜通、二三○片。

丙、「己子巳貞……」卜通、二五九片。

至子字、商周兩代均作𢀈、如：「十𢀈丫」卜通

五五片甲子卜是（漢人改為巳）

(4) 旬解：「七」貞松、卷九。

旬

按旬作七、與殷虛遺文同、如卜通、二三○片作ち、卜通、三○一片作ち、卜通七三五片作ち形、前二片正書、後一片及本銘均反書、甲文正反書一也。

(5) 呂仲僕爵：「呂中僕止𧊒乎……」貞松、卷十。

按𧊒字即毓字、通假代后、後字、如卜通、四○。

片、後祖乙、後字作[illegible]、他處或作[illegible]、作[illegible]、[illegible]、王靜安氏釋作毓、象母產子形、此作[illegible]、與殷虛遺文同。

古籀拾遺中、

16）遣小子𣪕：「遣小子[illegible]以其友作[illegible]男王姬[illegible]彝」、按銘云「[illegible]男」當是國名、檢卜通、五九六片中、此字凡五見、云：「在上[illegible]」、彼為地名無疑、國名、地名古多沿用、知二者一字也。

17）令彝：「公令（命）𢓊（出）同卿旅寮」兩周、上。

某氏云：「兩𢓊字、均係出之繁文、古出字本作㞢、象足納履之形（按象舉足欲出戶庭之形）卜辭或作[illegible]、作[illegible]、从行、本銘作𢓊、乃从行省」按其說是。

(8) 剌鼎：「剌知、王易（錫）剌貝卅朋」、西周、上。

某氏云：「剌知與適簋之適御同例、知為御之初文」、

按其說甚是、知字在卜辭尤習見、本銘知字作卸、與麥盉卸字同也。

② 酉即酒字例

(11) 毛公鼎：「毋敢湎于酉」。

(12) 盂鼎：「率肆于酉」。

(3) 酉享鑪：「用寶旨酉」。

按銘中末一字、皆酒字也。酉為古文、象酒器形。自殷為[illegible][illegible]字、乃加水以別之、則酒源于酉字

明矣。

2.字體詭異例

白者君匜：「隹口口白者君自作……永寶用享口。」

貞松、卷十。

按銘中寶寶、寶寶、永永、用用。永寶用諸字頗詭異！古金文中、有不合古文正體者、如此器之類不鮮、治古文者所宜知也。

3.字體繁複例

①蘇公敦：「蘇公作王妃羞敦永寶用。」窓、十二冊。

按古籀偏旁多繁字、若敔作敔 敔敔、遨作遨 石鼓。悟作㤓 說文心部古文。刑作荆 單仲孫子敦。敗作𣀔 說文攴部籀文。則作𠟭 說文刀部古文。

本器之公作盨、皆是。

②友敦：「友既頯䭫首、升于厥助祖考、」奇觚二册、

按本銘祖作𠂤。呂伯敦之「怚考」、師虎敦之祖字从示从助、尤為繇複也。

③臣辰盉：「王令士上眔史寅殷于成周、」兩周、上。

按殷當是殷之繇文，猶福之或作福䣄太宰編鐘若𩰫、此用為殷頫之殷。又語之作言語（音省、疾言也）屬芳鐘皆是。

4. 古文奇字例

師趛鼎：「師趛作文考聖公文母聖姬尊鼎、……」愙五册

按銘中鼎字作「[illegible]」形、與他鼎文字不同、古奇字也。

5、鳥篆例

①[illegible]公劍：「[illegible]」、貞松、卷十一[illegible]

公自口吉口金。」

②鳥篆劍格：「[illegible]」、貞松、卷十二。

按①器之銘錯金、此為正面文字②器劍身無字、格上鳥篆、模其一部、以存一體而已。

6、晚周變體字例

邢人鐘：「鄀公釗作口龢鐘、用敬卹盟祀祈年眉壽、用樂我嘉賓及我正卿揚君靈以萬年」愙、一冊。

按銘文龢作禾、敬作[illegible]、[illegible]作[illegible]、萬年均从土（[illegible]𡐀）揚从[illegible]（[illegible]）、鄀公鈚鐘同（三代吉金文

存。是皆晚周之變體也。又如郘之作䣃、直近秦篆，則其為晚周無疑矣。

7、字體附加偏旁例

①歸夆敦：「王若曰：『乖伯！朕丕顯祖玟珷……』」簋

、十一冊。

②盂鼎：「丕顯玟王」吉金文錄。

吳闓生曰：「史記集解齊丁公一作玎公，是周初常有此例。」

按周初尚文之習，見諸文字，所謂郁郁乎文哉也。

他如宗婦鼎之鄁字、呂鐘之郘字、僕兒鐘之鄦字、大梁鼎之鄹字、長子敾鄑字、即墨刀之鄤

字等六器，為國邑之名，皆加邑旁以示別，無
他義含也。
8、字體僅見例
祖乙鶆侯叔設：「乍祖乙鷙侯叔隣彝告田」愙七冊
吳清卿曰：「鶆字不見于字書，古籀文鳥字多作隹
，推此器與石鼓鳴字从鳥，鶆，疑來字之緐文，
爾雅釋鳥：「鷹來鳩」，釋文本作鶆。樊注：「
鶆鳩爽鳩也」。穀梁宣七年：「公會齊侯伐萊」
釋文「萊，國名」。書禹貢：「萊夷作牧」。傳「
萊，今東萊」。
茲以鶆鳩之鶆，借作萊夷之萊，鷹鷙鳥，故
从虎，叔其名也。」

按銘曰鷄侯、必為國名若地名、吳釋是也。

9. 省體字例

① 馭方鼎：「王南征伐角鄘……」愙、五册。

按鄘从庸从卩、古文从邑之字或省作卩、如盂鼎邦作邦之類、知鄘即邶鄘之鄘也。

② 曾子仲宣鼎：「用口其者父者兄」貞松、卷三。

按銘中者父者兄、即諸父諸兄、與兮甲盤同（惟我者侯）

③ 克鼎：「畯尹君四方」奇觚。

按銘中「尹」字即君之省、左隱三年經：「君氏卒」公穀均作尹氏。執卣：「君格于宮」、亦以尹字為之。

④匡卣：「四月初吉甲午，懿王才在射盧」兩周、中。

某氏云：「懿王即恭王之子懿王也，懿字銘文多作懿、單伯鐘、盂段、異仲壺等皆是，而本器與沈子段、班段，則均省心作懿子，殆噎之古文段為懿也。」

按其說是，古文多省體，如祖作且盂鼎、璜作黃縣忌𥂴、答作合陳侯因資錞、德作悳同上、箕作甘父年卣、仲作中散盤。例多，不煩舉。

10、同字異形例

①乙亥鼎：「乙亥口口七克師、客、六冊。」

按銘中克、古克字，說文作㝔，漢石經作克、盂鼎作克、此同字而異其形也。

②毛公𣪘：「秉緌蜀庸、」吉金文錄

按銘中庸字與召伯虎敦：「有庸有成、」之庸字皆作東、劉公作杜嫞尊簋、杜伯作叔嫞尊鬲、皆从女即詩「孟庸」之庸也。

③呂鼎：「用作寶⿱齋鼎、」吉金文錄

按⿱齋鼎齍同字。說文：「齍、黍稷在器以祀者、」此从鼎者、其器鼎也。或作⿱齋⿱鬲皿、⿱妻皿、⿱⿱妻每皿同。

④吳𣪘：「吳其止子孫永寶用」吉金文錄

按師遽敦亦云：「止子孫永寶」、止、當即世字。獻𣪘：「十杫不忘」、趩尊：「⿰米止孫子毋敢墜」皆世之異文也。

⑤虢文公子𣪘：「虢文公子□乍叔妃鬲、」貞松卷四。

按銘中鬲字作䰜、从鬲下鼎、它器罕見、亦鬲之異文也。

⑥白作⿱旅車尊三「白作⿰旅車彝」、貞松、卷七。

羅振玉云：「⿰旅車、前人皆釋旅車二字、殆即旅字。旅、師也、眾也。古軍行用車、故从車。冄作彝文曰：「冄作⿰旅車彝」旅字从㫃从从古文車而省从。應公鼎文曰：「應公作⿰旅車鼎」」與此畧同。白貞甗曰：「白貞作⿰旅車甗」。又增止、均旅之小變，予當析為二。」

按古名旅之器、其字逕作旅者甚多、⿱旅車為一字是也。

⑦亞形祖乙父己卣三「」綴遺齋彝器考釋五

冊。

按彝銘祖字或作且、作且、作且、作且、作且、作且、此作且、中有直畫罕見。

八、形近辨疑例

①七十不同例

趙曹鼎：「隹十年丨月既生霸……」貞松、卷三。

羅振玉云：「數名中之七與十，前人多不能判別、溧陽端忠敏公謂：「古七字作丄、十字作十、以一畫之長短、廣狹為二字之別。」見陶齋藏名記其言甚當、然此漢人七與十之判、在三代、則七作十、十作丨、或作丨、從無混淆、按此鼎七年字作十、十月字作丨、羅說甚是。

②厥乃有別例

牧𣪘云「又紹庶有品……伺𠷎又皋君故……乃申政事……今余惟緟京乃命。」奇觚、一冊。

按本銘二厥二乃不同。又如叔弓鎛云「余經乃光祖、余既尃乃心……余圂猒乃心……虔卹乃死事……粵又行師昚中𠄎（即說文古文乃）罰、」五乃一厥不同。又厥乃二字義皆通、惟篆形不可混耳。

12、標識字例

①𦥑鼎云「乙亥子錫……寶尊非[illegible]光」吉文

按銘末三字舊釋為析子孫、近人頗疑之、此大氏為古民族所用之標識符記、或在銘首、或署銘末、不可強為解說耳。

② 征人鼎：「丙午天君……尊彝、」吉文

按此亦標識符號之類、近人某氏釋為「天黿」、」于義未允、姑存疑可也。

13 簽署字例

① 齊陳曼鼎：「齊陳曼不敢逸康……用之兄。」吉文。

按銘末一字作人獻器形、[illegible][illegible]末則作、與此略同蓋一族之符識也。

② 令毀：「隹王于伐楚白……後人永寶、冊、」兩周上。

按矢令彝、令彝、令尊、作冊大鼎、銘末均有此文象形、當是作冊矢令之家徽、乃圖騰之孑遺

小雅六月之詩、所謂「織文鳥章」之類、册謂書寫、某册者、猶今錄下欵言某某書也。

14、圖象字例

伯隻卣：「乍父癸彝、」奇觚、卷六。

按銘中隻字、全係圖畫、以後逐漸改易、遂成文字、其迹猶可考見也。

15、分文例

闢甗：「門𢦏止寶彝、」綴遺。

按从門之字、古刻多作分文、觀積古齋款識、闢卣銘、闢作門效、庚申父乙角銘之閒作「門夕」、原釋闢為門效、閒為門夕、皆不識金文凡例之所致、李銘蓋釋首一字門射、以婦闢爵二銘

證之當釋關，分文之顯例也，他如仝鼎之學字

應公鼎、君婦鼎之旅字，皆分文也。

16、合文例

(1) 合文例

①乙未敨：「孚」小子、憲、七冊。

②毛公鼎：「亽」一人、憲、四冊。

③刺鼎：「菲」三十朋、憲、四冊。

按右三例，皆合文，于例至明。

(12) 合文省筆例

①次鼎：「吾」五月。兩周、中。

②呂行壺：「亖」四月。兩周、中。

③乙未敨：「百」二百。憲、七冊。

④彔伯戎敦：「馬三匹」馬四匹。愙、十一册。

⑤虢季子白盤：「五百」五百、愙、十六册。

⑥遣卣：「五朋」五朋・愙、二十册。

按以上六器銘之合文、多省一筆、此亦通例、不可不識也。

(3)合文標識例

𪔂子壺：「……萬=至于萬億年」兩見、下。

某氏云：「至于二字合文、並有重文符以識別之、如十六年左軍戟、工師二字作「師=」、司馬二字作「馬=」、于省吾云：「皆合文也」，而古鉩司工作「司工=」、旂侯作「旂侯」、大良造鞅量、大夫作「夫=」、此例甚多。」

按晚周合文，字有「＝」以別之，非獨重文為然、讀者當分別觀之。

17、同銘一字再見多變體書之例

①史顆鼎：「史顆作朕皇考釐仲……顆其萬年多福無疆……」

按䫰即顆字、凡一字重見、則別書之是也。

②令彝：「三事令……卿事寮……」兩周。

③孟姜𣪘蓋：「師□父」其器則作「師□父」

④甲午簋：「吉蠲明神神鑒專德」兩神字作「神神」

奇觚、九冊。

按一銘中同字異構、往往有之、大抵以書法上審美之意識、非必好奇而已也。

18、倒書例

①口口宰鼎：「口口宰」貞松、卷三。

白其口

口寶鼎

其子孫永

寶用之」

按本器全銘五行，顛倒相間，古器中奇品也。

②丙父辛爵：「冈乎乜」貞松、卷十。

按此文逆讀、以他銘例之、當為丙父辛也、其他

銘文如：

甲、伯䍙卣：「伯䍙作氏寶尊彝」、中惟作字

倒書、亦罕見之器也。

乙、廿六年詔殘量存七字「口者皆明壹之疑」

〔補〕逆、反書例

「伊生作公女彝，[illegible]」貞松、卷四

中惟故道二字倒書。

按右銘七字均反書、此例尚多、不更舉。

20、亞形中置字例

①亞中乙丁鼎「」貞松、卷二。

②亞其爵「」貞松、卷四。

按彝器中、每以亞形範字、自宋以來對亞字頗多歧說。或以為宗廟形、或以為兩已相背、或曰兩弓相背、皆肌度之辭、今知亞形中字、大氐乃氏族稱號、或人名、亞形為一字之飾、如①②例、不過為單純之文飾、或如今圖案之作、可有可無、不必強為之辭也。此例特多、餘略。

二、考訂文字例

1.校訂例

①訂誤例

①'訂字形例

①"虢季子白盤：「隹十又二年正月初吉丁亥，虢季子白作寶盤，丕顯子白，庸武于戎工，經維四方，搏伐玁狁，于洛之陽，……」窓、十六冊。

按銘中「搏伐玁狁」，博字作揰，左从干形，說文：「博大通也，从十尃，尃布也亦聲」，許以博為會意兼聲字，不知博字偏旁从干，乃形聲字。說文：「盾瞂也，所以扞身蔽目，从目。段注：「經典謂之干」。又云：「用扞身、故謂之干。」是干者盾之屬、金文中干字每相將、干為兵器、在本銘中與伐同意、有斬殺搏擊之義、故曰搏伐玁狁、許云：「从十尃、而从干之初義廢矣。此字形之誤一也。蓋許未生于當今考文有利之時代、其說字也、每因形誤而聲義俱失、亦勢所必然、非其知力不逮也。又本例係為考訂說文而發、故皆據金文字形以訂正說文之偽誤、然後知說文之所由誤者、因字體之久經譌變、不得古文原形、不見其譌亂之迹、是銘文有功于文字之考訂、為不可否認之事實也。

②″無惠鼎：「隹九月既望甲戌，……王乎史友冊命無惠

曰：……」憲、四冊。

按銘中「史友」之友作形，與說文友字古文「」相似。說文：「友，同志為友。从二又相交。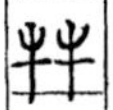，古文友，亦古文友。」惟其字上从双。許君則誤从羽，或傳寫之失真耳。此字形之誤二也。

③″且子鼎：丁卯，王命祖子會西方于相，惟反，王賞伐口貝一朋，用作父乙鼎。」憲、六冊

吳清卿曰：「銘首亞形中有字，象人跪而受賜之形，疑即古況字也。國語晉語：「受君之重況」，注：「況，賜也」。禮記聘義：「北面拜

況」釋文：「況本作貺」，爾雅釋詁：「錫畀予貺」，釋文：「貺本作況」。觀此器象形字況字當作況，不當从水，至从貝之貺，說文所無，尤為後起之字矣。」

按說文：「況寒水也，从水兄聲，」段注：「古矧兄比兄，皆用兄字，後乃用況字，後又改作況況」許說解無錫賜之義，據本銘不惟字形有誤，即說解亦不全，此字形之誤三也。

④〃、毛公鼎：「朱市蔥黃，玉環，玉琮，金車萃縟較：：：」窓，四。

按本銘車字作轉，象形。金文車字，如盂鼎，伯晨鼎，：：等皆如是作，說文車字籀文，則作𨏥形、乃傳寫之誤、說文傳刻千餘年、摹寫多誤、彝銘足以訂之者多矣。說文句讀于轂下云：「此蓋傳譌、商咎父癸卣作𨏥、周吳彝作𨏥、皆有輪輈衡及駕馬之形、今斷其輈衡及兩馬而為戔、非義所安、」古籀補云：「𨏥古車字、象輪轂轅軏之形、」殷虛文字：「許書从戔乃由字而譌、卜辭中車字如卷五、六頁、象從前後視形」。按諸家皆以銘文車字、全象車制、而段注則云：「从戈者、車所建之兵莫先于戈也；从重車者、象兵車聯綴也、重車則重戈矣。」此因形誤而曲為之說、此字形之誤四也。

⑤゛白矩尊一：「白矩作寶尊彝」貞松、卷七

羅振玉云：「此器矩字作[illegible]、象人持矩形、工象矩、大、象人、又、象手持之。伯矩彝作[illegible]、矩父簋作[illegible]、形雖小異、然均从大、矩叔壺作[illegible]、又一（凡兩器）作[illegible]、是矩或从夫。毛公鼎、彔伯戎毀、吳尊內[illegible]字并从夫、說文解字有矩無榘、其字从矢、予向以規字从夫疑之，从矢殆从夫之誤、今證以金文、竊喜曩疑之非妄矣。

按說文榘字从矢、金文矩字、或从大、或从夫、大若夫皆人形、金文象人持矩、于字之義為允、羅說至確、此說文字形之誤五也。

⑥" 井季⿱㲋史卣：「井季⿱㲋史乍旅彝」綴遺、卷六。

方濬益云：「説文無⿱㲋史字，㲋部有⿱㲋夬字云：『獸也，似牲牲，从㲋夬声。』玉篇有⿱㲋史無⿱㲋夬，云：『生冀切，音試，獸似狸，』廣韻同。石鼓『䜌之⿱㲋史⿱㲋史』，潘迪音訓云：『⿱㲋夬，丑若反，相如大人賦云：「休⿱㲋夬奔走」，或音使』，按潘氏此語引漢書司馬相如傳張揖注之言也。惟漢書大人賦『怵⿱㲋史』，潘氏以為『休⿱㲋史』與今本漢書殊異，然此字从㲋从史，自是以史為聲，何以師古注云：『丑若反』，是師古所據之本，與今本正同，並不作休⿱㲋史，而潘氏既引師古音切，是所見漢書，即顔注之本，而此二字獨殊異，甚不可解。其云或音使、則又與玉篇之音試合。今以此銘及石鼓文證之，是玉篇之奐、即說文之㲋、蓋說文歷代傳抄、寫官難免筆誤！此銘與石鼓文皆二千年前之真迹、鑄刻分明、可決定說文之㲋，為奐之譌字、而玉篇有奐無㲋、可見顧野王當時所見說文、尚不誤也。段注謂之「玉篇、廣韻皆曰奐似狸、疑似狌狌二字、當作似狸二字、乃是知說解之有譌誤、而不知篆文之已先譌誤也、若乃集韻又有㲋字云：「疏吏切、音駛、江東呼貉為貔、貔或作㲋、乃是又由㲋而誤為㲋矣。」

按方氏歷引諸書之字形、反覆比勘、以證說文㲋字之形誤、其說甚辨而允、為不可易、古籀補云：「許書𡕒字、疑即石鼓文𡕒字、後人傳寫之誤。」金文編亦云：「說文作𡕒、乃傳寫之譌、玉篇有𡕒無𡕒可證、」足見說文字形之為誤無疑、此形誤之六也。

⑦" 靜𣪘：「隹六月初吉、王在𦤎京、丁卯、王令靜𤔲

司射學宮……」愙、十一冊。

按此銘射字作𢎣形、从手執弓矢、象形會意、最為古簡。小篆作䠶射、从身、古文身作𦚏、有似乎𢎣、遂訛造之文。此李斯之妄、當糾正者。說文䠶下云：「弓弩發于身而中于遠也。从矢从身」又「射篆文䠶从寸（按亦因又訛）」

一寸、法度也、亦手也」皆據後出字說之、非三代六書之指、說文釋例云：「䠶字从身、究嫌模糊、當依金文作[illegible]、則弓形、矢形、从手挽強之形具矣。」古籀補云：「射象手執弓矢之形、小篆从身从寸非是。」金文編亦云：「䠶象張弓注矢、說文从身、乃弓矢形之譌也」觀諸家之說、均足證字形之誤。此其七也。

⑧盂鼎：「隹九月王在宗周令盂……敏朝夕入讕諫亯奔走畏天畏（威）……」（惪、四冊。）

按本銘「奔走」二字作[illegible]形、上从大、象人行進時之動態、實非大字、大乃靜態之人形也。止象足趾、表前進之意象、金文奔字作[illegible]形下从三止者、表足步動作之快速、說文文源云：「歮象足迹、疾走故迹多、」說文云：「奔、走也、从夭卉声、與走同意、俱从夭、」其形誤甚！古籀補亦云：「[illegible]疾走也、从三歮省、」小篆作奔、義不可通、此說文形誤之八也。

②訂字義例

叔賓父簋：「叔賓父乍寶簋子子孫孫永用」綴遺、四冊。

方濬益云：「說文：『賓、所敬也、从貝、𡧍聲』古文作[illegible]、按賓从丏、丏為不見也。象壅蔽之形。彝器文多作[illegible]、金武鐘作[illegible]、虘鐘有貝作[illegible]、从万、不審為何字、今觀此文、與盂鼎賓字並从万、乃象人側身致敬之形、亦人字也。

段若膺大令曰：「周大宰八統、八曰禮賓、大宗伯以賓禮親邦國。賓客渾言之也。析言之，則賓客異議、又賓謂所敬之人，因之敬其人亦曰賓、已蓋古禮賓必于廟、故賓字从宀、燕享有好貨、庭實旅百、奉以玉帛、故从貝、賓有同義、乃與臣同、象屈服之形、故人臣賓三字疊韻、篆文變乃為丏、失其形並失其義矣。」

按方氏據銘文分从乃之形、以說賓字有屈服致敬之意、說文因形誤而義亦失、方說近之。又賓字从貝，古文以為賂字見史頌𣪕。卜辭賓从止作[illegible]、殷虛文字卷一、作[illegible] 同上 形。多用為賓祭，以見禮敬之意也。

③´訂說解例

①´同殷：「隹十又二月初吉丁亥……鬩易材吳牧、自口東至于口……」貞松、卷六。

羅振玉云：「說文：『至、鳥飛从高下至地、下从一、一猶地、象形』。⿱𢎘一、為鳥飛形、然考古金文、如此殷及散氏盤至字並作⿱𢎘一、从𢎘、竇象矢形。告田殷侯字作厌、匽鼎同。并从矢。量侯殷及盂鼎作厌、从矢、乃矢之變。矢伯卣矢字作矢、以此例之、知𢎘乃矢之倒文、一象地、⿱𢎘一象矢遠來降至于地、非象鳥形。」

按羅以金文中諸矢字所作之形、說「至」字之應从矢、非从鳥、于事理較可徵信。又按至字、魏石經作「𦤳至至」、似不為鳥，文源：「至按與鳥形不類、古矢或作亽、則作亽者、乃矢之倒文、从矢射一、一象正鵠、矢著于鵠、有至之義」與羅說可相為發明也。

②"執簡形父庚鼎：「[illegible]」愙、三册。

吳清卿曰：「舊釋手執中、即許叔重史字解、从又持中之義、不知古中字皆作𠁩、無作中者、大澂以為手執簡形、史官記事之職也。」

按吳云：「古中字皆作𠁩甚是、而以此形為手持簡、則許說史字為：「从又持中」、有可商搉之地、殷虛文字云：「說文解字：「史記事者也、从又持中、中正也」。吳中丞曰：「象手執簡形」。按吳說是。江永曰：「凡官府簿書謂之中、猶今之案卷也。此中之本故掌文書者」其字从又从中，可正許君中正之說之失、亦並謂許說解有誤也。

③史穴簋：「史穴作旅匡、從王征行、用盛稻粱、其子子孫孫永寶用享。」綴遺、四冊。

方濬益云：「簋而曰匡也。爾雅釋言：「匡正也」周禮夏官序官匡人、鄭注同、玉篇：「匡方正也」。簋形正方故名亦曰匡。儀禮聘禮：「夫人使下大夫勞以二竹簋方」是也。又按公食大夫禮：「宰夫膳稻于梁西」注：「進稻粱者以簠」。周禮掌客云「簠十」注云「簠稻粱器也」又舍人云「凡祭祀共簠簋」、注云「方曰簠、圓曰簋、盛黍稷稻粱器」。今以此銘及叔家簠、曾伯霥簠諸器證之、是簠為盛稻粱器、與公食大夫禮、掌客、舍人注文並合、而說文以簠為黍稷圓器、簋為黍稷方器、不待辨而知說文之誤矣。」

按匡有方正義、簠亦曰匡、于器名例中將詳言之、方氏以許說云「簠為黍稷圓器」之為誤是也。而簠盛稻粱、諸器亦屢見之、皆足証許書說解之誤也。

④段毀云「唯王十又四祀丁卯……、王蔑段曆、念畢仲

孫、令龏祝遣大𠟭則于段……」西周、上。

某氏云：「遣从辵食聲、食在之部、以義推之、當是贈詒之詒、𠟭、即則字、說文：『則、等畫物也、从刀貝、貝、古之物貨也、副古文則、𠟭籀文則、从鼎、』實則古文則字、均从鼎作、其从貝者、乃後起之譌變、从重貝者、亦从重鼎之偽變也。从刀从鼎、當是宰割之宰之本字。惟本銘「則」字、當即周官大宗伯：『五命賜則之則』鄭注：「地未成國之名」余意「則」即采地。謂宰割其地也、宰割有大小、故此言大則也。」

按古从貝之字與从鼎之字、多互譌。其云古文則字从鼎、有宰割之意、較許云从貝之義為可信也。

⑤″ 楚王酓恙鼎：「楚王酓恙戰獲兵銅……盥鑄匋鐈

貞鼎……」兩周、下。

某氏云：「恙字从止羊聲、羊即干字之異文、干、金文之較古者作Ү、乃圓盾之象形。上有羽飾而下有鐏。古人凡圓點作之字、大氐演化為一横、故由Ү而Ұ、更進則為干、然亦有演化為二横者、如朱字本作木、而師酉段文作朱。如眉脒鼎、上樂床鼎及鼄器之鼄、所从朱字、亦係二横、故Ұ亦可作羊也。說文干字為：「从一从反入乚、未得其意、又收羊字于干部、謂：「撥也、从干、入一為干、入二為羊、讀若飪、言補甚也。」又以為南字之聲符、然殷周古文南字、均不从羊作、許于干既失、于南亦誤、故羊說尤不足信。」

按某以許于干羊南三字之解說皆誤、均由不辨干字初形及其演化所致。干字古籀補作「𐊼丫

金文編作「丫丫」、部首訂云「干象形、

炯按汗簡丫象形與盾篆上體同意、皆禦敵之具、此說為犯則義自施于干者言之、惟干象正面、盾象側面、微不同。」此皆足證說文之非是。

⑥靜卣：「隹白辟父呂成師即東、命伐南夷、正月既生霸辛丑、在𩡧、白辟父皇競各于宮、競蔑

曆、賓賞競章……」貞、補遺、中。

楊樹達曰：「余按皇字（白辟父皇競各于官之句如字讀之，文不可通。以聲求之，蓋乎之叚字。呼召之字，金文皆作乎，古音皇在唐部，乎在模部，二部為對轉，故得相通。各與格同，官字从宀，謂治事之所，今言官署是也，說文訓吏事君非是，白辟父皇競各于官，謂白辟父呼競至于官署也。」

按說文：「官，吏事君也，从宀𠂤，𠂤猶眾也，此與師同意。」以官為會意字，與師同意，師即眾意。楊以為治事之所，乃就宀形而言，重在字形，亦就本銘之意而推求之，蓋欲以此訂許釋之誤。按詁林徐箋云「漢書賈誼傳曰云「太子少長則入于學、學者、所學之官也」注云「官謂官舍」。此官之本義、因之在官之人謂之官」又兒笘錄云「越謂宀者、交覆深屋也、吏事君者、何取而从宀、許說此字、殆未得其本義、今按官者、館之古文也、从宀覆𠂤、正合館舍之義。」二書皆以官有館舍義、楊說蓋出于此也。

④′訂注誤例

の″刺鼎云「隹王九月丁亥、王客于般宮、井伯內右刺立中廷……」貞松、卷三。

羅振玉云「客即格、說文解字从宀客聲、各即

格至之格、客从各聲、故客各通用。說文「各

：「異詞也」未知各即格也。

按說文：「客寄也、从宀各聲」、寄也下、段注

云：「字从各、各異詞也、故自此託彼曰客。

段不知古文客、各、格三字通用、故有此誤、

若謂：「自他處來寄于此」、可也。

②康侯鼎：「康侯丰乍寶𨷕」綴遺、二冊。

吳氏清卿曰：「此衛康叔之器、丰即康叔之名、

書作封。」

按說文：「丰、草盛丰丰也、从生上下達也。」

土部封下云：「爵諸侯之土也、从之土、从寸

、守其制度也、公侯百里、伯七十里、子男五

千里、」又「牡籀文封从丰土、」「𡉚古文封省」段注云「从㞢土、則與㞢部讀若皇者同字、猶豕亥古文同作豕也、草木妄生之在土上、之之本義也。爵諸侯之土、字从之土、之之引申段借義也。」方濬益云「籀文从丰作牡、是封之籀文、本以从丰得聲、古文作𡉚、當是从丰从土、古文土作土、與丰相合而成𡉚、召伯虎敦作⿰𡉚又可證也。篆文因形似、誤謂从㞢、徐楚金遂以為「各之其土也會意」、皆強為之說、據此銘可證二家之失矣。」按方氏以徐、段二家之失、在于誤認篆文、而封字籀文、古文、皆从丰作、由說文封字古文之形而以為从㞢土、故有「之土」之曲說耳。

⑤訂本字例

⑩鄦⿰女白鬲：「鄦⿰女白遹母鑄其羞鬲」綴遺、十三冊。

方濬益云：「鄦在春秋時為小鄦、⿰女白姓、彝器文如嫛、⿰女夋、⿰女司、⿰女頁：：等字，並經傳所不載，是古姓之佚而不傳者多矣。遹从辵、即荀子以偽為為之所本。意古為字本作遹、或省作⿰彳為、又省作偽、說文辵、彳二部字每相通、如延之或體為征、退之或體為徂、後之古文為逡、其見于彝文者如：德一作⿺辶德、萬一作邁、或省作⿱萬止、或省作⿰彳萬、又省作⿰亻萬皆是。小篆分偽為為二、說文以為訓母猴、偽訓詐也。後人不知古為本作偽、而荀子「人之性惡、其善者偽也」二語、遂為口實、按四庫全書提要曰：「卿恐人恃性善之說、任自然而廢學、因言性不可恃、當勉力于先王之教、故其言曰：凡性者天之所就也。不可學、不可事、禮者聖人之所生也、人之所學而能、所事而成者也。不可學、不可事而在人者謂之性。可學而能、可事而成之在人者謂之偽。是性偽之分也。後人昧于訓詁、誤以為真偽之偽、遂譁然掊擊、謂卿蔑視禮義、如老莊之所言、是非惟未睹其全書、即性惡一篇、自篇首二句外、亦未竟讀矣。」按禮論云：「性者、本始樸材也、偽者

」文理隆盛也。無性、則僞之無所加、無僞、

則性不能自美、性僞合然後聖人之名一、」又

正名篇云：「慮積焉能習焉而後成謂之僞、」

是荀子書中爲多作僞、不僅性惡一篇也、今得

此銘、可知爲字以次遞省之變。」

按方氏由爲僞之通叚、據銘文之古形、以推知其

本字宜作爲。釋例：「僞、此許作爲字、人所

作爲曰僞、故其字从人爲聲、荀子以生而爲者

曰性，人所爲曰僞、蓋古意也。」徐箋：「僞

詐也、从人爲聲、詐疑作字之誤。爲訓母猴、

經典借爲作爲字、古書僞與爲通、荀子曰：「

人之性惡、其善者僞也。」此僞字即作爲之爲

按江徐二氏亦以為偽古通、本此以通讀群書、自無阻滯、方氏所言是也。

②校勘例

校部首次第例

鄉父己甗：「鄉父己」綴遺、四冊。

方濬益云：「首一字从A、从𠨍、即卯字、為二人相鄉之形。按說文部首：人部之下、次之以匕、曰變也、从到人、又次為匕、曰相與比敘也。从反人。又次為从、曰相聽也、从二人。又次為比、曰密也。二人為從、反從為比、又次為北、曰乖也、从二人相背。而𠨍、為二人相鄉、應次比之後、北之前方允！乃許君反列此文于邑𨛜二部之

下、曰事之制也、从卩彡闕。蓋篆文𠨍變為卯、
象形之意已離、故許君亦不能解其从卩彡之義、
而古文𠨍卯二字正相反、與从卂爪二字同意。相
背為北、則相向為𠨍矣。此彝器文字之可據以校
正說文部首次第之誤者。至此文从亼作[illegible]、乃𠨍
之或體、繁簡小異、初非二字。觀彝器銘于卿士
之北鄉、饗醴等字通作[illegible]、或从亼作[illegible]、是𠨍[illegible]
一字之證、皆鄉之古文、篆文與乃于𠨍之外、別
制𨛜字、說文部首、𨛜、鄰道也、从邑、从邑、
鄉字從之、竊意𨛜、即由此[illegible]字變而出者、變亼
為口、故義異而聲不異、背父乙鼎、背作[illegible]、豈
非與此文相反之明徵乎?」

按許書十四篇、五百四十部之次第、大氐以形相連次、其所謂：「方以類聚、物以群分、同條牽屬、共理相貫、襍而不越、據形系聯也。」部首以形為次、以六書始于象形也。每部中則以義為次、以六書歸于轉注也。至八篇起于人部、全篇三十六部、皆由人而及之、方氏以為𠤎、匕、比、从、以从次比之前、則部次當較嚴密也、又謂从為鄉之古文亦頗是。

2. 考證例

(1) 考據例

(1)' 考一字之本義例

(1)" 厗氏彥乍善會：「厗氏彥乍善錀」貞松、卷十一。

羅振玉云：「器蓋謂之會，其文象器蓋上下相合，

趙亥鼎作會，邾子口匜作會，王子口匜作[illegible]，此

从A象蓋，下从田，象器，以金為之，故字增金

，其器為蓋，證其為會字，殆無疑也。王子口匜

增从辵，乃引申為會遇字，許書載會之古文作㣛

，與王子口匜畧同，又會與合同意，故許君會注

合也，而合下云：合口也，」段注正作A口也」

予疑合口二字，乃會之譌，二字轉注，合亦象器

形上下相合，會之古文从合，亦其證矣。」

按銘中會字作鑥形，即會字，說文會字下云：「合

也，从A曾省，曾，益也。」合下云：「A口也

，从A口」許氏不知會字本義為器蓋，上下相合

乃見會合之意、如許所釋、則字所以為會合之意
不見、羅由字形為器蓋、以考見一字之本義甚是
。段注會字亦云：「禮經器之蓋曰會、為其上下
相合也」所見至精審可信。
②虘編鐘：「隹正月初吉丁亥⋯⋯用亯大宗、用濼好
宗」貞松、卷一。
羅振玉云：「上句為用亯大宗、下句自應是用樂好
賓、而作好宗者、字之譌也、樂字借濼為之、从
樂、殷虛卜辭樂皆作𢆶、从絲附木上、琴瑟之象
也、是禮樂為初義、宴樂為引申之義也。
按說文樂下云：「五聲八音總名、象鼓鞞、木、虡
也。」篆文𣡽形、段云：「中象鼓、兩旁象鼙也

甲文多作𢆶木形（書契菁華九頁）作𢆶木、（後編十頁）
殷虛文字：「絲、从絲附木上、琴瑟之象也、或
增白以象調弦之器、猶今彈琵琶阮咸者之撥矣、
許君謂象鼓鞞木虡者誤也」、所見正同。按絲附木
上、即見琴瑟之象、其上半之中从白、由貞松、
卷二之樂世旅鼎、其銘亦作𢆶木形、可證知也。

③″益公鐘：「益公為楚氏龢鐘」長安獲古編

按說文：「益饒也、从水皿、益之意也。（依段注
補水字）」、此文「𥁰」、與畢鮮敦同、空首布作㳊
、皆古文从水省、蓋象水在皿中、半見于外、欲
溢之形也。許書水部：「溢、器滿也、从水益聲
按滿之意與饒通、釋例：「𥁰从水而溢又加水、

益之水在皿上、則增益之意、即兼有氾濫之意、溢似後來分別文、」又疑疑ミ「益器滿也、从水在皿上、會意、別作溢贅、」據此知古只作益、後世始有溢字、故其義又增為多、富長、過、大、裕、是其證也。

②考一字之初形例

魚父癸鼎ミ「乜癸」

方濬益云ミ「蘇器中魚字習見、而繁簡各異、無一同者、此文最為精整、說文部首ミ「魚、水蟲也、象形、魚尾與燕尾相似、」按許君此言、就後來篆文㚙、燕字言之耳。不知古文作蘓、而魚尾作几、爾雅所謂ミ「魚尾謂之丙也、」石鼓文作炎、已漸失象形之意，此文中有二點、當即篆文所由盼諸變而為火者歟、」

按方氏據魚字古形、以考小篆遞變之由來，得其形矣。

(3)' 考古文例

(1)" 匽侯鼎：「匽侯旨初見事于宗周、賞旨貝廿朋、用作姞寶尊彝」兩周、下。

按匽、古燕字、與匽侯盉、匽公匜二器之匽同、召伯所封國也。凡北燕之燕、金文皆作匽若郾、作郾者、如郾侯庫毀、郾王戠戈等是。

(2)" 師望鼎：「太師小子師望曰：「……夙夜出內王命、不敢不㒸不肅……」愙、五冊。

吳清卿曰：「說文：『㦽，从意也。』國語周語注：『遂猶順也。』㦽、遂義同。㦽字从聿从攴，當即古肅字。說文：『肅，持事振敬也，从聿在𣶒上，戰戰兢兢也。』爾雅：『乂，治也。』書洪範：『恭作肅，從作乂。』詩小旻：『或肅或艾。』肅字从乂，較从𣶒之義為長，不敢不㦽，不肅，言不敢不順命，不敬事也。」

按吳以㦽字為肅之古文，从乂者有整飭之意，與肅字義近也。

③" 甚諆鼎：「甚諆𢦏聿作父丁尊彝。」（愙、五冊。）

吳清卿曰：「甚疑斟之省文。左氏襄四年傳：『斟灌斟尋氏。』或春秋時有姓斟者，諆其名，𢦏聿其字也。古臧字不从臣、从口。古鉥文臧孫黑鉥、臧字作𢦟、可與此鼎相證。臧字从戕者、惟口與戕之意、臧否二字皆从口、好言自口、莠言自口也。」

按吳氏以𢧵為臧之古文。說文：「臧善也、从臣戕聲、」按說文此字从臣、从臣與从口同象人。說文：「臣牽也、事君者、象屈服之形、」口在字彙中、亦多表人、如：呱、小兒嗁聲。名、自命也。君、尊也、从尹口、口以發號、諸字所从之口、皆屬字形之部份、以代表人故口臣同一用法、金文編引陳介祺曰：「𢧵从口、當是臧否之臧、與臧字異、後世失其字矣。」云云亦同吳說。

④〃帝己祖丁父癸鼎：「子執斿形婦嘆、帝己祖丁父癸、」

愙、三冊。

吳清卿曰：「潘伯寅師所藏舊拓冊有卣蓋、文曰：「▽己祖丁父癸」▽與此鼎▼字同。大澂釋作帝、古文帝字，以此為最古、如花之有蒂、果之所自出、祖之上有帝、祖之所出也。」

按吳謂▼、為帝之古文、以其象瓜果之有蒂也、近是。

⑤〃史頌鼎：「隹三年五月丁巳、王在宗周、令史頌禧穌法友里君百生姓帥韓盩于成周、休又成事、穌賓章馬四匹……」愙、四冊。

吳清卿曰：「此史頌奉命往蘇聽獄訟、蘇人賂以金馬而作此鼎也、余所藏史頌敨、與此同文、曰詁、曰理、曰埶、曰成、皆斷獄之事、𢔶字、敨文作𢔶、舊釋德、非是、以文義繹之、當即聽字、大瀓竊疑視聽之聽、與聽獄之聽、必非一字、五聽不專主耳、知古文不从耳也。洪範疏云「聽者、受人之言、察是非也」、故从言、國策云「寡人請以國聽」注云「聽、從也」、周禮大司徒疏云「聽、待也」儀禮特牲饋食禮注、禮雜記注皆云聽猶待也、从彳从寺、與訓從訓待之義合。自後人並作聽而德傳假廢、猶悳德之通作德、𢼸徵之通作徵、徒吏之通作吏、𢓭踐之通作踐、𢓜踵之通作踵、凡古篆一字一義、今人以一字兼數義者、許書不可枚舉、德傳二字、可補說文之缺。」

按銘「史頌德蘇」、德字作𢔶彡。吳以德傳二字、

為聽之古文、所引釋詳盡、語較可從。

⑥"馭方鼎：「王南征伐角鄱、……王宴咸酓、王親錫馭方……

……」愙、五冊。

按銘中「王親錫」、親、古文親字、又見農卣、史

懋壺秦刻石文：「親軏遠黎」亦同。

⑦"頌鼎：「隹三年五月……用追孝𧙗匄康口屯右通彔永命

……」貞松、卷四。

……

羅振玉云：「昔愙齋說𩁹、古祈字、从止从斤。玉

謂「从止从斤」非也。嘗見頌敦數器、祈字皆作

𩁹、从㫃、與𣃔同。即𣃔之小變、非止字也……

古祈禱之事、殆起于戰爭之際、故蘄从㫃，从單（戰字之省）、蓋戰時禱于單旂之下、會意字也」、白諧敔又作𢻹、省單增言、大師虘豆作𢍰、又从旂省、歸父盤作𩛥、又變言為口、从言、从口、皆所以祈禱、此字不但可以補正許書、且可見古代祈禱之原始、若如吳之誤从止从斤、則義不可通矣。」

按羅歷引諸器銘、以駁吳說祈字古文「从斤从止」之非是、以及殫盡旂字之初形、定為祈字之古文、其說甚明允、為不可易。金文編：「祈从㫃从單、蓋戰時禱于單旂之下會意。」亦從羅氏之說也。

⑧" 交君子簋：「交君子口肇作寶𣪕、其眉壽萬年永寶用」

貞松、卷六。

按銘中𣪕字、象簋上會下器之狀、或增从匚、又或从匚从古、或又从𠪚 鄭公緘盨。許書載簋之古文从医、从匚从夫、則未嘗見于金文、是𣪕、匳、匿、𠪚、乃簋之古文也。

⑨" 𠂤觚：「𠂤」一字。貞松、卷九。

羅振玉云：「此觚一字作𠂤、从𠂤（即古文肉）、疑即許書示部之祳、許注社肉盛以蜃、故謂之祳、字或作脤。左氏傳閔二年、受脤于社、杜注同、漢書五行志、「成肅公受脤于社、不敬」、服虔曰：「脤、祭社之肉也、盛以蜃器」。此字从殆象蜃形而內肉于中、後世作脤、則从肉从蜃省聲、今乃作从示从蜃聲、殆後世傳寫之誤也」。

按羅以(日為祳之古文、蓋以(象蜃形而得其義、金文編及古籀補、均無祳字古文、此姑存一說可也。

(10)"盟作祖乙爵:「盟囗綸熏乍氒祖乙寶宗彝、」貞松、卷十。

羅振玉云:「綸即角字、原本玉篇:『龣、東方音也、樂器之聲、今作角』禮部集韻:『龣通作角』魏書江式傳:『工商龣徵羽、』」

按角字、詁林所引諸家、皆釋為獸角、不見作龣字之訓、蓋惟古五聲之角古作龣、其字已見古金文中、羅說龢為角字之古文、亦當指五聲之角之字也。

⑾" 滕侯耆戈：「滕侯耆之艁」貞松、卷十一。

羅振玉云：「此戈與滕侯吳戟、皆澂秋館藏、滕字作[illegible]、下从火、與予所藏滕虎毁滕字作[illegible]正同、下均从火、象火上騰、與騰一字、从水从馬、均後起之字也」。

按羅以[illegible]為騰滕之古文、其下从火、銘文滕字皆如是作、其說是也。

⑿" 𠫑羌鐘：「唯廿又口祀、𠫑羌乍……楚京賞于乾口令于晉公、卲于天子、用……」貞、續編上。

按此篇鐘字多殘泐不全、卲即昭字、古文从日、卲聲、篆文則卲省聲也。

⑬" 衰父癸鼎：「衰乍父癸寶鼎」綴遺、二冊。

按說文：「衰、艸雨衣、秦謂之萆、从衣象形、古文衰」本銘作、蓋亦古文之省也。段注曰：「草部曰萆雨衣、一曰衰衣」俗从草作蓑、而衰遂專為等衰衰絰字、以草為雨衣、必層次編之、故引申為等衰、後世異形異音而古義茫昧矣。

⑭" 子廟執鼎：「」綴遺、三冊。

方濬益云：「西清古鑑子尊銘作、饕餮彝銘作、與此並同、當即說文宀部𡨦字古文、訓屋傾下也。从宀執聲、亦見子廟圖卣及子執父辛爵二器銘。」

按右子𢉖鼎、銘二字。第二字从入、為广之反文、象屋下人坐而執器之形、方氏所引諸器銘、除偏旁外、餘均象人手執物之形、从广从卩之字、義多同、所釋近是。

⑮″ 伯孝口簋：「伯孝口鑄旅簋、永其萬年子子孫孫寶用」

綴遺、四册。

按彝銘簋字、多从皿作盨、此省皿作須、即須字、說文部首：「須、面毛也」。以須為簋、不詳其義、說文竹部所列古文𠤳、从匚食九、匭、从匚軌、朹、凡三形、與器銘諸古文皆不相合、是須若盨、乃簋之古文也。

⑯″ 聿貝父辛卣：「聿貝父辛」綴遺、五册。

按說文云「聿所以書也，楚謂之聿，吳謂之不律，燕謂之弗，从聿一」又筆下云「秦謂之筆，从聿竹。」此文正象以手執筆之形，即聿之古文。可知筆之形制，古今不異，筆之起用時代亦甚早也。又按殷虛文字云「說文云『聿所以書也，从聿一聲，』此象手執筆形，非形聲也。書父辛卣从聿，與卜辭同。」亦以銘文象筆之形也。

⑰″ 眔父癸卣云「𦇧父癸」綴遺，五冊。

方濬益云：「案西清古鑑有卣銘與此同文，疑即此器。說文云「眔，多也。从乑目，眔意。此當是罙之古文」。按方云此銘首字、為罙之古文、亦因形近而言也。

⑱" ⿱谷侖伯卣：「⿱谷侖伯乍寶尊彝」綴遺、六冊。

方濬益云：「銘中⿱谷侖字、說文所無、疑即𨸏部陯字。解曰：「山阜陷也」。按𨸏部有隤字、古文从谷作⿰谷賣。以此相例、應是陯之古文、部首阜下解云：「大陸山無石者」、谷下解云：「泉出通川為谷、从水半見出于口」。陯既解為山𨸏陷、是大陸陷為川谷。即詩十月之交：「山冢崒崩、高岸為谷也」。此从谷、義尤相合、當為淪陷之正字、詩正月鄭箋：「地厚而有陷淪也」。疏：「淪沒也」。華嚴經音義引廣雅：「淪沈也」。淪行而陯不復見

「龠則僅存于此銘矣。
按方氏說龠為淪陷之正字、引詩十月之交文以釋之至為精確、今淪陷字、說文曰：「一日沒也、今則叚為龠陷之意也、金文編：龠龠、殆崙字、从谷與隤字古文、从谷作鑟同」與方說一致也。

⑰" 伯褱卣：「白褱作乃宣寶隩彝」綴遺、六冊。

方濬益云：「胡石查謂：「此銘字中作㽵、析之為眉目口蓋象子在褱抱之形、說文孚字注云：「褱子也」「是知褱子為褱字最初之文、得此古文㽵可以補鼎臣所未詳、其衣字下方作十字形者、古衣前有結、此為袒衣、故結弛于外、正以足褱字之義」按古人于名字每多意造或變易點畫、此字介褱褱之間，以眉目口形在衣中言之，則釋褱較塙。」

按方氏以石釋褱為褱字之說為塙是也。

說文：「褱，俠也。从衣眔聲。一曰橐。」段注：「在衣曰褱，在手曰握。今人用懷挾字，古作褱夾。」是褱有包藏之義，正懷子之意。釋為褱至當，即褱為懷子一字之初形也。

⑳"串父甲爵：「串父十」綴遺，十一冊。

方濬益云：「說文無串字。心部患下云：『憂也，从心上貫吅，吅亦聲。』許君蓋以古無串字，故曰从心上貫吅。按部首毌，穿物持之也。从一橫毌，毌象寶貨之形。意串之為字，即毌之形變。

分毋為二、直其形、則串字也。詩皇矣：「串夷載路」傳：「串習也」釋文：「串本作患」今以古文證之，是古有串字矣。」

按經文有串字而說文佚之、方氏據此銘以考之是也。又串當為毋之古文、詁林徐箋：「串字說文失載而古音與貫同、故患从串聲、其古文作𢜩、即鐘鼎文之譌體、」云云亦同。

㉑眉乙單：「[illegible]乙」綴遺、十二冊。

按銘中[illegible]即眉、說文眉：「目上毛也、从目象眉之形、上象頟理也。」此从二目為䀠、⺍為眉、當是眉之古文、金文眉壽字作[illegible]、為正面象形、篆作眉則側面形也。

㉒ 亞形父丁爵：「⿱口廾父。」綴遺、十三冊。

方濬益云：「此銘與亞形父甲鼎銘、亞中均从口作⿱口廾、當是古文共字也。說文部首：『共，同也。从廿廾』。按从廿無意義、應即口之形變、共又與具字篆形相近、故義亦相通。說文具：『共置也。从廾从貝省』。論語鄉黨：『子路共之』。正義：『共具也』。禮記祭統：『官備則具』。注：『具所共眾物』。漢書成帝紀：『無共張繇役之勞』。注：『共張謂共具張設』。此文作兩手奉器、正象共具之形。」

按方氏據本銘定⿱口廾為共之古文、不惟形義俱得、且可辨正小篆之字形矣。按金文編：「⿱口廾廾兩手奉器，象供奉之狀。亞形祖乙父己卣。」文源：「說文：『共同也，从廿廾。』按从廿無義理，爾雅：『共具也』此為共之本義，廿即口之變，象物形，兩手奉之，古作𠬞祖乙父己卣。」二說悉同。

④考籀文例

中齋鼎：「隹王令南宮伐反虎方之年，王令中先省南或國𠭯行……」兩同，上。

按銘中𠭯字从二貝，丨以貫之，舊釋貫而無說，此殆毌之籀文，與串字同意，惟繁簡微別耳。

⑤考重文例

魯伯愈父鬲：「魯伯愈父作鼄姬口朕羞鬲，其永寶用，」

貞松・卷四。

按銘中愈字作[illegible]形、朕即滕之省、此甬蓋媵器也、說文無愈字。他器或作俞、羅振玉氏謂「愈」殆俞之重文、許書佚之、近是。

⑥′考本字例

抱子形父子敵：「[illegible]文」綴遺、四冊。

方濬益云：「銘首一字、象人抱子之形、按說文有勹字云：「覆也、从勹覆人」、是為抱之本字、周書曰：「保抱攜持」、詩曰：「亦既抱子」、禮曰：「君子抱孫不抱子」、其字皆當作勹、經典作抱者、叚借字也、說文：「捊、引取也、从手孚聲」抱為捊之或體、聲義並異。」

按勹字从人形，說文：「勹，裹也，象人曲形，有所包裹。」以本銘證之，匀實抱之本字，為可信也。

⑦考佚字例

中罐蓋：「中乍旅罐」貞松，卷十一。

羅振玉云：「此器已佚而蓋存，狀與觶蓋同，文曰：「中乍旅罐」罐字不見許書，集韻始有之，訓汲器，玉篇及說文新附有罐字，亦見類篇，注汲器，與罐殆一字，器形如觶而較大，其為酒器無疑……此罐殆受卣中之酒，持以灌地，故視飲器中之觶，容量較大而形制全同，既用以灌，遂以罐名，从金者，以金為之，故加金旁也。」

按羅氏以器之形制、用途、考鑵之得名甚是。然則古實有鑵字而許書佚之、固當補入也。

②證實例

①' 證現存字形例

①" 毛公鼎云：「王若曰父厝……易女秬鬯一卣……」愙、四冊。

按此銘秬字作𥞤形、彔伯𢿚、吳尊均从鬯矩聲、與許書相合、此金文足徵說文現存字形之可信也。

②" 史秦鬲云：「史𥢆」貞松、卷四。

按說文秦字、籒文作𥢆、許子妝簠作𥢆、並與鬲文同。

③" 厚氏詹作善會云：「厚氏詹作善錀」貞松、卷十一。

按銘中彥字作𢒪、下从言、以下善字作譱形、下从言推之、實即言字、蓋即許書之諺、篆文从彥聲、此銘彥字、則从彥省聲。

④″ 竝卣：「竝」器蓋同文、貞松、補遺、中。

按此銘竝字、與說文部首之竝字全同、銘文作竝形。

⑤″ 盟弘卣：「盟弘乍寶尊彝」綴遺、六册。

按說文盟、各本作盟、从囧从血、段注改為从囧皿聲、謂盟與孟皆皿聲、故孟津、盟津通用、此文从皿、與段注合、按此銘盟字作。

②′ 證現存字義例

①″ 御父己鼎：「隹十月又一月丁亥、我作御𣪘口祖乙……」

貞松、補遺上。

按銘中禦字作[illegible]、殷虛遺文御[illegible]、此从示从[illegible]、當為禦字無疑、說文訓禦為祭、與此鼎正同、此金文字義之可證說文現存字之含義也。

②" 土父癸爵：「[illegible]」綴遺、九册。

方濬益云：「土中虛者、說文：『土、地之吐生萬物者也、二、象地之上地之中、丨、物出形也』、白虎通五行篇：『土主吐含萬物、土之為言吐也』、此正象吐含之形、又春秋繁露五行之義篇：『土者、五行之主也』、故上从丨以見義。」

按方氏據金文字形、以明土字有含吐之義、與說文所訓正同、其言是也。

三、通叚例

1.甫人父匜：「甫人父乍旅匜，其萬人用」，綴遺、七册。

方濬益云：「銘文萬年乍萬人，古音讀年與人同，蓋年从禾千聲，詩鳲鳩三章，人、年，甫田三章田、千、陳、人、年，江漢三章人、田、年為韻，是人年二字同之證。」

按古同音字恒得通叚，此文字學之條例，方氏所言甚是。

2.丁子鼎：「丁子」古金文錄，

按銘文子，即今之巳字，古文子作𢀈，如哉敦，叔媜彝皆有己子，伯碩父鼎有己子，矢敦，頌敦皆有丁子，子皆今巳字也，甲骨文同，此古今字通用之例也。

3、王婦㠱孟姜匜：「㠱孟姜」綴遺、七册。

方濬益云：「文曰『㠱孟姜』、以春秋列國考之、當是紀國、孟姜、與叔姜、皆紀國姜姓之女、前卷紀侯鐘及紀侯紀姜二敦作㠱、則古今字也。」

按㠱、紀、皆从己聲、（紀字晚出）、蓋同聲通假之例也。

4、周太師虘豆：「……用⿰㫃言多福」古籀、下。

孫仲容曰：「金文每云用祈多福、祈字多藉蘄字為之、或又藉旂字為之。如齊侯鎛鐘、齊侯罍、師器父鼎並云用旂眉壽是也。此⿰㫃言即旂字、旂从㫃斤聲、斤言聲近、故古从斤之字、或變而从言、

說文犬部：「⿰犭斤，犬吠聲，从犬斤聲。」玉篇犬部

「⿰犭斤與狺同。」

按此狺字，即易斤為言，此亦聲近通假之例也。

5、頌鼎：「監司新造貯用宮御」兩周，中。

按銘中貯字，王靜安先生讀為予，云貯予古同部字

，貯用宮御，猶云錫用宮御也。按同部字，古多

通假，所釋甚是。

6、曆鼎：「……尊彝，其用明月鬺亯」綴遺，二冊。

方云：「說文：『夕，莫也，从月半見。』此以月當夕

為通假，亦猶日之引申為日夜字也。」

按月借為夕，卜辭習見，此銘即用為「夙夕」字也。

7、剌鼎：「……王格于般宮，邢伯入右剌立中廷……」貞松，卷二

羅振玉云：「內即入，金文中如無叀鼎入門作『內門』，古籍若大戴記：『廟之末納尸也』，荀子禮論作入尸，月令：『無不務內』，呂氏春秋作務入，均其證也。

按說文：「內，入也」，又「入，內也」，二字轉注，故古文通用，羅氏引載籍證之是也。

8. 爕段：「王令爕在市旂」金文續考。

某氏云：「在市即它器所屢見之載市，孫仲容釋為緇市者是也，又康鼎：『命女幽黃鋚勒』，凡它器言錫者而此二器言令命，知命令字古有錫予之義。」

按易師卦云：「王三錫命」，錫命義略相等，書序：

「周公得命禾、旅天子之命作嘉禾」、命禾即賜禾、是命、令、錫三字同義也。

9.睘卣：「……王姜令命乍冊睘安尸白夷伯、……」兩周上。

某氏云：「古金文凡夷狄字、均作尸、卜辭屢見尸方、亦即夷方、攷其初、蓋斥異族為死人、猶今人之稱為鬼也、後乃改為夷字、周禮凌人：「大喪共夷槃冰」、注：「夷之言尸也」、又左傳：「吾一朝而尸三卿」、韓非子六微：「尸作夷」」

按此乃尸、夷古通用之明證、所釋是也。

四、數量例

1.數之使用例

①數字在名物之下例

①' 窓鼎：「……用為宗器、鼎二、𣪘二」窓、四册。
②' 乙未𣪘：「乙未饗事、錫小子師貝二百……」窓、七册。
按右銘之數字、皆承于名物之下、亦恒例也，不贅
舉。
② 直畫作十字例
①' 大鼎：「隹｜又五年三月……」三代吉金文存
按大𣪘同、十字作｜、與甲文同、此通例也、又ㄩ
為二十、見番匊生壺、伊𣪘等器。
②' 曶鼎：「賞曶禾十秭、或賞口口ㄩ秭……」窓、四册。
按ㄩ即卌、廣韻二十六緝：「卌、先立切、下引說
文云：『數名』。今本說文無卌、而林部𣞤下云：
『卌數之積也』。未部桂下云：『卌乂』。知許書原有

卌字傳本奪耳。漢石經論語：「年卌見惡焉」、直以四十字為卌、敔𣪘：「執緯卌」亦此字也。

2. 計數名稱例

①玉以丰計例

乙亥𣪘：「玉十丰」

王靜安云：「丰字、殷虛卜辭作丰（後編卷上、工十六葉）、作丯（前編卷六、六十五葉）、皆古玨字也。古岳切。說文玉：「象三玉之連、丨其貫也。」丰意正同。」

按古者玉亦以偺計、即玨之假借、齊侯壺云：「璧二備是也。

②金以字計例

禽毀：「王易金百寽」兩周、上。

某氏云：「寽說文爰部云：『五指捋也，从爰一聲，讀若律』，金文均作一手盛一物，別以一手抓之，乃象意字，說為五指捋甚是，然非从爰一聲也。金文均用為金量之單位。」

按寽即後起之鋝字，亦作鍰，說文：「鍰亦鋝也，从金爰聲」按寽之輕重有三說：一鋝十一銖、二十五銖之十三。二、重六兩三分之二兩，見考工記。三、重六兩，見小爾雅，今無由攷定矣。

③戈以鋝計例

師毀毀：「……易戈戝琱戚縞必柲彤沙緌十五鋝」兩周、中。

按戈琱戚，言戈之有琱識，有縞柲，有紅緌者十五具、錞即戈鐏、言戈以錞計也。按數量一例、尚有：

甲、絲以束計 守宮尊

乙、帛以束計 萬毀

丙、馬以匹計

丁、貝以朋計

丙丁二例尤習見、凡例內亦言之、又按貝亦以寽計、見敝卣：「敝從師雝父戍于古師、蔑曆錫貝三十寽、」是貝亦以寽計、蓋變貝用金之始也。

五、銘文奪誤例

1、奪字例

の魯伯愈父鬲：「魯伯愈父乍邾姬壬媵羞鬲、其永寶用、」

綴遺、十三冊。

按右銘十五字、魯伯愈鬲二同、惟魯伯愈鬲三、銘僅十四字、愈下脫父字、按父字不當有、其為奪字無疑。

②頌壺：「隹三年五月……王在周康卲宮……王曰頌、令女官嗣成周貯廿家、監嗣新造宮……」貞松、卷七

按頌毀無「廿家」二字、則不可通、毀文偶奪耳。

③利鼎：「唯廿有二年口月既望、王在周康穆宮、旦各大室、即位、宰頵射伯入門立中廷北鄉、王乎作命內史、冊命利曰：「易女……用作……」吉金文錄

按銘意當為利入中廷、宰頵下當有右字、據銘之頌

錫通例為：「某右某入門立中廷」此奪右字無疑，又言射伯、蓋即剎之字也。

2、譌誤例

①鄭虢仲毁：「隹十有一月既生霸庚戌，鄭虢仲作寶毁，孫孫孫孫役永用」、貞松、卷五。

按右器與第二器（鄭虢仲毁二）同文、惟本器「子子孫孫」譌作「孫孫孫孫」、第二器「十有一月」、譌作「十一又月」、古器文字往往有譌誤，此其一矣。

②師克毁：「隹元年五月初吉甲寅、王在周各康廟……師龢父𩠐左右走馬……寶用」貞松、卷六。

按本銘「左右走馬」、左右譌作「文𠨑」此譌誤無疑也。

③南季鼎：「用又左右俗父嗣寇」兩周、中。

按左右之左，原銘誤寫作「又」，乃又字、此亦銘文誤字之一塙例也。

3. 別字例

同毀一：「隹十又二月初吉……對揚天子口休……」貞松、卷六。

羅振玉云：「金文中別字極多、與後世碑版同。不可盡據為典要、即以本器言之、對字作「𡭊」、譌別已甚、又王子申盞之盂字作「盂」、口叔買毀毀字作「𣪘」、且字作「且」、黃字作「黄」、曩侯毀之毀作「𣪘」、寶作「寶」、無其毀之天作「夭」、伪白多父𣪘之父乍「㞢」、往往隨意變化增損、類此甚多、亦研究古文所宜知也。」

按銘文奪誤一例、至爲重要、考其原因、多由書寫鑄範之遺誤、有偶誤者、有有意爲之、以逞奇變者、研究古文、宜細審原器、善擇拓本、不可一概視爲典要、據以攷竄經史、則遺誤轉滋、見笑于大方之家矣。

第二章　文體與文法

昔左傳載讒鼎之銘、以戒樂不可極；禮記述湯盤之辭以明日新之義、銘之由來久矣。意此二者、不但于時最古、而銘之時義、諒亦以此為極則。而孔悝鼎銘曰：「銘者自名也、自名以稱揚其先祖之美、而明著之後世者也。」此稱揚先人之美、或乃後起之義、然自彝銘觀之、而論譔祖先德善勳勞以為祭器者、所在尤多、陸士衡所謂詠世德之駿烈、誦先人之清芬是也、故在昔文字之使用、無論書之竹帛、或銘于鐘鼎、其義要不外乎是、銘之初形、本自簡約、湯盤九言、即其佳例。殷銘語質文約、周初銘文漸多、西周中葉、乃有較長之句、此研究句法之所宜先知也。至其常用之句、如對揚王休、敢對揚天子丕顯休命、與尚書之語例全同、則同一時代之作品、為可徵信也。又如祈祜之語、言過其實；追遠之作、頗傷溢美、又本銘文歌頌功德之固有。千篇一律、亦在所習見耳。且至西周中葉一篇章恢廓、漸有鋪敘史事之作。其組織益臻茂密、其中典則光大、堂皇瑰瑋之作，殆與書之誓誥、詩之雅頌齊同、惟其同也、故其文其事、更可以考證經文之譌誤、此銘刻文字之效用也。至用以祭祀、燕享、慶賞、錫命、銘述功德、則銘之所以為用也。以言結構、于發端：有以年月起文者、有直述一事而起者、此為通例、或言作器之由、或以告語而起者、所在仍多、全篇或紀受錫而作器、或言冊命之事、或專作祭器、或自作用器、不一而足、文之長者、則紀受錫之事為多。其結尾之例、頗為單純、多以用作某器、用祈、用享之語類直結全文焉。若稱謂一例、有明示謚號之興在西周中世者。于此以前、生稱美號、皆非謚也、又當字名連舉、每先字而後名；稱其祖考、又言考而略妣、或稱公也、而不在五等之爵；或言朕也、而為等吏之稱、此稱謂例之大較也、至于紀時一例：于紀月者、有書王正月者、以用王朝之曆也。僅冠國號者、則自行本國之曆也。又或以大事紀年、或單載甲子而無年月、又別為例、若據銘斷代、則有文可徵、約而言之，凡西周文字、其年代之可考者、約百餘器、大氐乃王臣之物，列國文字可徵其時代者、亦逾百數、大率在東遷以後、凡此不惟可以斷代、而其政教文物、亦可觸類推知、此紀時一目、于諸例之中、尤為可貴者也。

凡例

(一)凡金文中人名地名多奇古而不可考釋者。

按如：

甲、趞鼎之𡨦叔。

乙、陽鼎之𡨄伯。

丙、楚公鐘之楚公𧰼。

羅振玉云：「凡人名奇古不可考釋者、大氐皆當時人意造之字、以為將來易諱之地、」左氏桓公六年傳曰：「周人以諱事神、名終將諱之、」蓋器之人名不可識者甚多、地名亦然、如：

甲、曶鼎：「王在䢅居」兩周、中。

乙、兮甲盤：「伐厰𤞷玁狁于𩰫盧」同上。

凡此皆不可強為訓釋，強之為妄也。

(二)凡言錫某人貝皆上錫于下也。

按如：

甲、剌鼎：「丁卯王啻禘，用牡大室，啻昭王，剌御，王錫剌貝三十朋」三代吉金文存。

乙、庚嬴卣：「王逄格于庚嬴宮，王蔑庚嬴曆，錫貝十朋」西周、上。

丙、小臣靜彝：「王宼格莽京，小臣靜即事，王錫貝五十朋」西周、上。

丁、師遽設：「王在周……王乎師朕錫師遽貝十朋」西周、中。

右甲、乙、丙、丁四條，錫乃主動詞，然銘文亦有被動之義」如鬲父尊：「鬲錫貝于王，用乍父甲寶尊彝」，仍爾受錫于王之義也。

(三)凡為祖父作器者銘或舉其謚或舉其字。

按銘舉其謚者如：

甲、伯司敨：「伯司作幽伯寶敨」

乙、伯據敨：「伯據虘肈作皇考剌公尊敨」、

或舉其字者如：

丙、無虎彝：「無虎簋肈作乃皇考命仲寶尊彝」。

丁、田彝：「田乍父乙寶尊彝」是也。

(四)凡金文有曰肈作者、有曰其作者，作上一字皆助詞。

按金文有曰肈作者如：

甲、無虎彝：「無虎簋肈作乃皇考命仲寶尊彝」、

本條已見上葉而為例不同。

有曰其作者如：

乙、史昔鼎：「史昔其作旅鼎」

丙、白戎𣪘：「白戎其作西宮寶」

亦曰肇其如：

丁、辟𢀛：「辟肇其作父己寶尊彝」

亦曰其肇如：

戊、德𣪘：「德其肇作𣪘」

右皆古文習見之恒例也。

一、詞例

1、常用詞例

⑩無謹例

麦鼎：「正月王在成周，王徙于楚彔，令小臣麦先相楚居，「王至于徙居，無譴……」吉金文錄

按譴字，原銘作遣，此讀為譴，無譴，猶言亡咎，亡尤，謂奉事無過失也。大保𣪕：「大保克敬無譴，」適𣪕：「適御無譴」例皆同。

②飤糜例

寬兒鼎：「……蘇公之孫寬兒睪其吉金，自作飤糜……」
吉金文錄

按銘中「飤糜」二字，蔡大師鼎作：「飤⿰食糜」，乙毀作：「飤⿹勹鬲」，居趣作：「糜兒」，孔師釋為鼎之別名，按蔡太師鼎作飤⿰食糜，皆从食以見器用之義，當屬食器，所釋甚是。

③室字例

令毁：「……令敢揚皇王室、用作丁公寶毁……」兩周上。

某氏云：「室當是休之異文、休字金文作休、从禾从人、言人于稻草上休息也、許書重文作庥、復从广、从广與从宀同意、此之室、蓋象臥榻、又「對揚王休」、乃古人恒語、此言揚皇王室、例正相合、」

按明公彝：「……作冊令敢揚明公尹人室……」大鼎：「……揚皇天尹大保室……」其義皆與休字同、其釋是也。

④有慶例

大豐毁：「……隹朕有慶、敏揚王休于尊毁」殷周青銅器銘文研究上。

某氏云：「有慶連文，乃古人恒語，如易豐之六五：「來章有慶」，易傳：「乃終有慶」，書呂刑：「一人有慶」，詩楚茨：「孝孫有慶」，其在金文，則秦公鐘與秦公毁，均有「高弘有慶」……按說文：「慶，行賀人也，从心夊，从鹿省」，而古金文，均从鹿子省，如召伯虎毁，戎叔父鬲，銘中慶字皆是，此亦可補說文之缺也。

⑤參壽例

者減鐘：「若召公壽若參壽……」殷青，下。

某氏云：「參壽乃古人常語，蓋以三星之高比壽也。」宗周鐘：「參壽唯琍」，晉姜鼎：「三壽是利」，魯頌閟宮：「三壽作朋」，三乃參之轉變，後人更轉變為山壽、」

按三參通用是也。惟某云：「三壽轉為山壽、」則未必然！詩小雅：「如南山之壽」山壽義當出此、上文云：「如月之恒、如日之升」，皆實指其物。其第二章云：「如山如阜、如岡如陵、」皆言其興盛、如山陵之未可量也。

⑥元用例

吳王元劍：「攻敔王元啟自乍其元用」兩個、下。

某氏云：「元用亦見吉日劍」云：「吉日壬午、作為元用、」又見秦子戈及秦子矛曰：「秦子作造公族元用」、按「元用」乃兵器銘之習用語、其義不詳、姑闕。

⑦以字例

矢令彝：「……爽𠩺（左）右于乃寮以乃友事……」（殷青、上。

按王引之經傳釋詞卷一以已項下，以訓與義，本銘「左右于乃寮以乃友事」，以亦訓與，又如：

甲、虢仲盨：「虢仲以王南征」

乙、克鼎：「錫女井家𤰈田于峻山以厥臣妾」其例亦同也。

⑧保辥例

宗婦𣪕：「保辥鄁國」（貞松、卷五。

按王靜安云：「辥即嬖乂之本字，省作乂」，故辥即訓乂，保乂、保治也。書君奭：「保乂有殷」，康誥：「保乂王家」義同。其在金文，如毛公鼎：「保辥周邦」、晉邦盦：「保辥王國」、皆同此例。

2. 助詞例

① 獻彝：「隹九月既望庚寅、獻伯于遘王休、亡尤……」

金文續考。

按矢令毀：「王于伐楚伯」字例與本銘同。于字則

無深義、僅在協調語氣而已。

② 小臣謎毀：「𠭯東夷大反」兩周。

按𠭯係表示過去之語詞、彔㦰卣：「𠭯淮夷敢伐內

國」、縣妃毀：「𠭯乃任縣白室」、均其例也。

3. 其他詞性例

① 頌容字例

① 帝考例

買尊：「圉叔買自乍尊段，其用追孝于朕皇祖啻考……」

吉金文錄

吳闓生曰：「啻即帝字、仲師父鼎：「用享用孝于皇祖帝考、」」許印林據爾雅謂皇帝皆訓大、二字同義、特以尊崇其親、非帝王之謂、其說是也、師首鼎亦云：「用享于厥帝考」、帝考乃古人恒語、因省敲黃帝亦作黃啻。

按古文往往隨意增加偏旁、此啻作帝字、為狀詞、與上皇祖並列是也。

②武斧例

斧伯段：「……用作朕皇考武斧幾王隩段……」兩周、中。

某氏云：「斧當即說文乖字、歸夆以乖為號、當段

為魁偉威瑰等字、文稱其父為武斿幾王、猶國語
楚語言、「叡聖武公」、叔夷鐘言、「桓武靈公」
因資敦言、「孝武桓公」均叚為懿美之詞也。」
按某氏引他書以証、「武斿」為形容字、于文意為
順是也。

③' 綽綰例

蔡姞殷、「用祈匄眉壽綽綰永命、」
按綽綰乃金文恒語、或作綰綽、即說文之繛緩、書
無逸、「寬綽厥心、」皆延緩、長久之義也。

② 二字連作動詞用

①' 作鑄連用例

守敦、「用作鑄弘仲寶敦、其萬年子子孫孫永寶用、」

窓、六册、

按如：

甲、齊侯鐘：「用作鑄其寶鎛」

乙、叔皮父𣪕：「……作鑄叔皮尊𣪕、」

右二器、作鑄二字、皆連用作動詞、于義至明。

(2)′用隮連用例

魯侯爵：「魯侯作爵、用隮茜鬯專臨盟……」殷青、上。

按矢令𣪕：「用隮事于皇宗」例同。「用隮」字在句中皆動詞也。

(3)′用雝例

曾子仲宣鼎：「……用雝饔其者(諸)父者(諸)兄、其萬年……」

西周、

按徐王糧鼎：「用雝賓客，」例與此同，雝，古饔字，舊釋為饔甚是。

③被動字例

麥尊：「……王㠯與侯內入于𡨦寢，侯錫玄周琱戈……」

西周、上。

按侯錫者，言井侯被錫于王也，古文動詞用例，主動與被動無別，如鬲尊：「鬲錫貝于王，用作父甲寶障彝。」據古，卷二。謂鬲見錫于王从貝也。古人質樸，即此亦可見竟也。

4.疊字例

①宗周鐘：「其嚴在上，㠯㠯𩁹𩁹，降余多福……」西周、上

按叔氏鐘：「其嚴在上，𩁹𩁹㠯㠯，降余魯多福無→

彊」、「寥恖」二册。吳淸卿釋⿱㲋泉為熊字、釋⿰豊攴為豐

字、近人唐蘭云：「字乃从泉㲋聲、音當如說文

木部从木㲋聲之字（⿱㲋木）、讀若薄、⿱㲋泉⿱㲋泉⿰豊攴⿰豊攴乃双

聲連語、」按唐釋是也。古人疊字、每用雙聲之

字、取其音之協調、至四字之義、則用以形容多

福也。

⑵秦公𣪕：「……余雖小子、穆穆帥明德、剌〔烈〕剌趄〔桓〕趄、

萬民是敕……」（西周）。

按穆穆、見詩大雅：「穆穆文王」、毛傳：「穆穆、美

也」、箋：「穆穆乎文王有天子之容」、曲禮：「

天子穆穆」、疏：「穆穆、威儀多皃」、烈烈、見商頌

：「相士烈烈」、傳：「威也」、桓桓、見魯頌：「

桓〻于征」傳：「威武皃」、按本銘「穆〻」以見
明德之容、即狀儀容之盛也、桓〻烈〻、皆形容威
武之皃、與詩訓正合。

二、常用語例

1、嚴在上例

①虢叔旅鐘：「用乍皇考惠叔大𣪘龢鐘、皇考嚴在上、翼在
下、數〻能〻、降旅多福」、愙、一冊。

②叔氏鐘：「乍朕皇考叔氏寶𣪘鐘、用喜侃皇考、其嚴在
上、數〻能〻、降余魯多福」、愙、二冊。

③井仁鐘：「其嚴在上、數〻能〻、降余多福」、積古

按右所列舉四器、皆鐘鎛之類、為祀神之樂器、故
嚴在上句、蓋尊崇其祖考、欲其降福後嗣之意。

「嚴在上」、與詩大雅：「文王在上、于昭于天、」之意略同、毛傳：「在上、在民之上也、」詩又曰：「文王陟降、在帝左右、」傳言：「文王升接天、下接人也、」箋云：「在察也、文王能觀知天意、順天所為、從而行之、」數狄鐘：「侃先生、先王其嚴在帝左右、」此云在帝左右、與文王之什同、即在上之意。詩傳箋上帝皆訓天、在上猶在天也。番生毁亦曰：「不顯皇祖考：：：嚴在上、廣啟厥孫子于天下、」大豐毁：「不顯考文王：：：：文王德在上、」與大雅之詩合、亦祀文王之器也。嚴字亦見詩六月：「有嚴有翼、」傳：「嚴、威嚴也、翼、敬也、」詩常武：「赫々業々有嚴天子」傳云「赫赫然盛也、業業然動也、嚴然而威」箋云「王之軍行、其貌赫赫業業然，有尊嚴于天子之威、」是嚴即威嚴、尊嚴之意。要言其祖考之嚴威、在于天壤之間、聞見者莫不敬而憚之，故能降福以佑啟其子孫也。

2、用侃喜例

①兮仲鐘：「己伯用侃喜前文人、子孫永寶用享」愙一冊

②叔氏鐘：「作朕皇考叔氏寶林鐘、用喜侃皇考」愙二冊

按前器云「侃喜」、後器云「喜侃」皆動詞、可互用也、侃、樂也、論語鄉黨「侃侃如也、」集解引孔注「侃侃和樂也。」吳清卿曰「前文人、見書文侯之命「追孝于前文人」詩江漢

：「告于文人」毛傳：「文人、文德之人」周知書大誥：「前寧人」當作前文人。古文字與寧字相類、故漢儒誤釋為寧也。」按吳說甚是。又喜侃、喜樂、乃孝享之辭。即郘鐘樂我先祖之意也。

3、肆皇天亡睪例

毛公鼎：「肆皇天亡睪、臨保我有周」、寍、四冊。

吳清卿曰：「詩抑二「肆皇天弗尚」、箋云：「肆、故今也」、亾斁、與虢叔鐘「亾叙」、靜敦：「[illegible]睪」、皆同。詩思齊：「古之人無斁」、振鷺：「在此無斁」、釋文皆云：「斁厭也」皇天無斁、言天不厭周德也。」

又按今人考定此鼎、為西周晚期之物。其中句例、每與詩經相同、由是可知金文足證經傳之處頗多為可貴也。

4、龢于永命例

①叔向父𣪕：「廣啟朕身龢于永命、」愙、十一冊。

②叔氏鐘：「用廣啟士父身龢于永命、父其……」愙、二冊。

按右二器銘文、句法相類、廣啟者、廣被祐啟之意、龢于永命者、使後嗣享命久遠、亦即眉壽保魯之意也。

5、[口甹]朕位例

毛公鼎：「惷王小大政[口甹]朕位、」愙、四冊。

按番生𣪕：「[口甹]王位、」毛伯龔𣪕：「[口甹]王位、」例與此同、嘒乃輔弼之義也。

6、王在某宮例

師虎敦云「甲戌、王在杜宐、」窓、十一冊。

按如云

甲、𢼄敦云「王在雝庒、」

乙、㝬鼎云「王在還庒、」

丙、南宮方鼎云「王屋杜、」

皆同例。此字本銘作宐、从宀、餘器或从广、或从尸、寊皆一字。舊釋居字、按中齋鼎銘內有云「埶王庒、」三字、某氏云云「按隸古定尚書殘卷般庚篇敦煌本居字作宐、漢簡三出屋字、云見說文、今說文無此字、所見乃古本也……尸寊广之

「謁、」得此說釋「居」益可信矣。

7、乃辟一人例

盂鼎：「女勿剋余乃辟一人」、吉金文錄

按剋刻同、後漢書李賢注：「剋猶責也」、辟輔也、

。寅簋：「用辟我一人」、師望鼎：「用辟于先王」、

義並同。

8、用饗王出入使人例

衛鼎：「……旬永福、乃用饗王出入使人眾多倗友、子孫永保」、吉金文錄

吳闓生云：「宅歆其萬年用饗王出入」、伯矩鼎：「用音王出內入使人」、音即歆字、歆亦饗也。」按伯矩鼎：「用音王出內使人」、內入二字通用、于前章

字體內已及、吳釋是。

9、殷成周例

𦤎彝：「唯明保殷成周年、公錫作册𦤎鬯貝、……」吉文。

按傳卣：「王令師田父殷成周、」臣辰盉：「王命士上眔史寅殷成周、」殷祭也、此即令彝明公祭于成周之事、本器與令彝乃同時之物、明保即周公子明保也。

10、揚王室例

矢令毁：「唯王于伐楚伯在炎、……令敢揚皇王室、……」吉金文錄

按公束鼎：「大揚皇天尹大保室、用乍……」令毁：「令敢揚皇王室、」吳闓生云：「室猶賞也、」

非是、按定字與休字同義、説見前章、茲略。

11、咸綏胤士例

晉邦盨：「余咸綏胤士、作為左右、保辥王國、」（周金文存。

按「咸綏胤士」，孫仲容釋胤士為尹氏（古籀拾遺下

又秦公毁有「咸畜胤士」盄龢鐘有：「咸畜百辟

亦與此例同。

12、錫某土例

大保毁：「王厎俾大保易休、余土、用兹彝對令、」

西周。

按「錫休余土」、與中甗一：「令大史兄裛土、」及

：「臭女裛土、」同例、休乃作器者名、余當是

國族名、按中甗：「令大史裛土、」令與錫同義

、釋見前章段借例中。

13、䓞某某服例

周公𣪘：「隹三月王令(命)焚眔內史曰：『䓞井侯服、易臣三品……』」西周、上。

按「䓞井侯服、」與班𣪘之「更虢城公服」語例相同。䓞即蓋之籀文。方言：「蘇、介草也、沅湘之南、或謂之蓋、」即此字、在此段為更、井侯當即左傳廿四年：「凡蔣邢茅、胙、祭、周公之胤也、」之邢、今河北邢臺縣西南、襄國故城即其地。更井侯服者、謂繼邢侯之內服、邢侯蓋因就封遺缺、故令焚繼任之也。

14、某命某寧某例

盂爵：「王令命盂寧鄧白賓貝……」兩周、上。

按「王命盂寧鄧伯賓貝」，與睘卣：「王姜命乍册睘安尸伯，尸伯賓睘貝布。」同例，寧有安義，言王命盂省視鄧伯，鄧伯贈之以貝也。

15、赤市幽亢例

趞鼎：「……錫女赤市幽亢，䜌旂用事……」兩周、上。

按銘中「赤市幽亢」，亢字原作[illegible]，卜辭有此字，唐蘭釋為亢，以本銘證之，其說至確，此與它器言：「赤市幽黃」同例，亢乃黃之叚字，古音同在陽部，何毁之「赤市朱亢」亦然，黃本古珮玉之象形文，叚為黃色字而失其本義，典籍中以衡若珩代之，漢儒解為佩玉之橫，失其義矣。

16 用牲啻某王例

剌鼎：「用牲于大室、啻卲王、剌卸御……」兩周、上。

按卲王即昭王、與宗周鐘同、啻即為禘、爾雅釋天云：「禘、大祭也、」即此啻字義。

17. 尸辭畢王家例

望鼎：「……王乎史年冊命望死嗣尸司畢王家、易女……」兩周、中。

按「死嗣畢王家」者、言尸司（主司）在畢之王家也。與伊毀：「官嗣司康宮王臣妾百工」語例全同、又死與尸古通用、漢書：「妾所求子死尸、桓東少年場、」死即尸字之義。

18 足某人嗣某事例

免殷：「……令女足周師𤔲歔林、易女……」西周、中。

按「令女足周師𤔲歔」、與師兌殷：「令女足師龢父𤔲左右走馬」同例、周師、人名、歔、職名、足（有足成義、有踵續義）繼任之也、言繼周師主管林衡之事也。

19：令某人以某物咸例

史懋壺：「王在𦚯京溼宮、親令史懋路筭咸、王乎伊白易懋貝……」西周、中。

某氏云：「路筭咸、徐同柏云：『路、正也、筭、射筭也。周禮：『太史凡射事飾中舍筭、執其禮事』、蓋陳禽習射而令懋正其事也』。孫仲容云：『咸、說文口部：『咸、皆也、悉也』、詩魯頌：

『敦商之旅、克咸厥功』箋云：『咸同也』皆悉同、並與成事之義近、謂其事有成也』『親令史懋路筭咸』、與班簋之『令錫鑾勒咸』同例、令亦錫也。路當解為路寢、路車之路、大也。古人言路、與今言御同、路筭、謂王用之大筭也。」

按「路筭咸」、諸家所釋是也。令史懋路筭咸、即錫史懋以大筭而成既其事也。

20、卹厥牆事例

師寰簋：「師寰虔不彖墜夙夜卹厥牆事、休簋又工有功……」而同、中。

按卹厥牆事、與追簋之「卹厥死事」同例、死通尸、主也。謂慎所主持之事也。牆則讀為將、春秋牆咎如、公羊傳作將咎如、即二字同音通用之證。論語憲問云「闕黨童子將命」、即牆字之義也。

21. 是辟于某之例

叔夷鐘云「雩生弔叔尸、是辟于齊侯之所、是忠小心龏恭適……」兩周、下。

按「是辟于齊侯之所」與師望鼎云「用辟于先王」同例、辟、襄也。即贊襄齊侯之義。

22 呂條稻粱例

叔朕簠云「叔朕擇其吉金、自作薦匠簠、呂鑄條稻粱……」兩周、下。

按呂條稻粱、與史免簠、曾伯霥簠、叔家父簠之「用盛稻粱」同例、條字亦當與盛字義近也。

三、祈祜語例

通彔康虔鐘：「□余通彔康虔屯右、寍、一冊。」

吳清卿曰：「余上一字宜不可識、「通彔康虔屯右」彝器中習見之文、彔即祿字、屯右即純佑、往來不窮謂之通、祿、福也。康、安也。虔、敬也。純、專也、大也。佑、助也。通祿言福祿無窮也。康虔謂莊敬日彊也。純佑、謂天佑純固也。」

按頌鼎云：「康虔屯右通彔永命」、叔氏鐘云：「康右屯魯」、顛倒其詞、其例皆祈祜之語、與本銘同。

他如：

甲、善夫克鼎云：「用介康龢屯右眉壽永命霝終、愙、五册。

用介、介、助也。豳風七月：「以介眉壽」，箋：「介、助也」，傳：「眉壽、毫眉也」，龢通和、霝終猶令終、銘文言令終亦習見語。

乙、頌敦：「𧗿匄康𢑚屯右通彔永命」，與上例略同。康𢑚猶康彊也。餘見前釋、上冠𧗿匄二字、則為祈求福佑無疑矣。

丙、歸夅敦：「用祈屯彔永命魯壽」，愙、十二册。

本銘所祈為：「屯彔永命魯壽」，語約而意仍相近、魯與嘉休同義、詳前章所釋、魯壽、即福壽之意也。

丁、叔毛鼎：「用匄眉壽口屯魯吉康剌彔」，吉金文錄。

本銘除「吉康利彔」稍變其詞而顯為福佑之語外、餘均同前。

四、倒句例

1、茜敦：「茜對揚天子休、用乍尊敦季姜：：：」吉金文錄。

按本銘倒文也、蓋乍尊敦以祀季姜耳、文應為：「用乍季姜尊敦、」今以

甲、公束鼎：「用作且丁寶尊彝、」

乙、獻侯鼎：「用作丁侯尊彝、」

丙、休盤：「用作朕文考口口障盤、」

丁、吳彝：「用作朕文考尹伯障毁、」

四器銘例之、本銘「用乍尊敦季姜、」實倒文也。

2、趩尊：「……錫趩……趩拜稽首，揚王休對，」古文。

按「對揚王休」，銘文習見之語，幾為通例，本銘「揚王休對」乃倒文也。

3、鼄來佳鬲：「鼄來佳作鼎萬壽眉其年無疆用，」貞松四卷。

按本銘文字倒置，當作：「鼄來佳作鼎其眉壽萬年無疆用」，為順。

五、結尾語例

1、結尾貫語例

①以用作某器結束例

①′用作旅彝，如明公毁……等。

②′用作寶彝，如禽毁……等。

③′用作姞寶彝，如遣尊……等。

④' 用乍父乙寶尊彝、如中觶……等。

⑤' 用乍寶尊彝、如小臣謎毀……等。

以上多周初器、錄自兩周、上。

② 以示用途作結例

①' 某其子子孫孫永寶用、如剌鼎等。

②' 某其萬年子子孫孫永寶用、如大鼎……等。

③' 子子孫孫其萬年永寶用、如伯晨鼎……等。

④' 其子子孫孫永寶用、如大毀……等。

⑤' 某其萬年子子孫孫永寶、如散季敨。

⑥' 子子孫孫永寶用亯、如鄀公平侯鼎。

⑦' 子子孫孫永寶用、如克鼎。

⑧' 子子孫孫永保用之、如國差𦉜等。

⑨' 其萬年子子孫孫永寶用」、如師奐父鼎……等、

按右九例最常見、用子子孫孫語而以永寶用」三字結之。

2.結尾特出語例

① 彔伯戎𣪘：「……用乍朕皇考釐王寶尊𣪘、余其萬年寶用子子孫孫其帥刑受茲休」、寍、十二冊。

按銘末用「子子孫孫其帥刑受茲休」句作結、極為特出、帥與遵、率並通、刑、法也。帥刑者、相率法其先人。受茲休者、以受此休休福也。

② 楚王領鐘：「佳王正月初吉丁亥、楚王領自乍鈴鐘、其聿其言」、兩周、下。

按句末「其聿其言」句、它器罕見、意云其書其言

也。謂可銘刻、可傳言也。

六、發端文例

1. 文首以年月發端例

①師𩰫毀：「隹十又一年九月初吉丁亥、王在周、格于大室……」三吉。

②頌鼎：「隹三年五月既死霸甲戌、王在周康卲宮、旦、王格大室……」兩周、上。

③智鼎：「隹王元年六月既望乙亥、王在周穆王大口……」愙、四冊。

④趞曹鼎：「隹七年十月既生霸、王在周般宮、旦、王格大室……」貞松、卷三。

按右四器、文約在五十言以上、銘首均以年月日起周代器大抵如是、例多、舉此以概其餘耳。

2、文首直書作者之例

①伯頵父鼎：「伯頵父乍朕皇考屖伯吳姬寶鼎、其萬年子〻孫〻永寶用」、愙、六冊。

②先獸鼎：「先獸乍朕考寶尊鼎、獸其萬年永寶用、朝夕鄉厥多朋友」、愙、六冊。

③義仲方鼎：「義仲乍厥父周季隩彝」、貞松、卷三。

④呂王鬲：「呂王作隩鬲、子〻孫〻永寶用亯」、貞松、卷四。

按右四器、起句即書出作者姓名、下句旋明用途、蓋此類器、全銘至為簡約、多不過二十餘字、此其大略也、例至多、餘略。

3、文首直書作器事由例

①匽燕侯旨鼎：「匽侯旨初見事于宗周、王賞旨貝廿朋、用乍……」貞松、卷三。

②虢仲簋：「虢仲㠯王南征、伐南淮夷、在成周、乍旅簋、茲簋友有十又二。」三吉。

③明公尊：「隹王令明公遣三族伐東國在□魯侯又□用乍旅彝、」貞松、卷七。

④䰧卣：「唯明保殷成周年、公錫作冊䰧鬯貝、䰧揚公休、用乍父乙……」貞松、卷八。

按右所列：

①器叙燕侯旨有事于宗周、王賞貝廿朋、因紀錄賞之榮而作器。

②器叙虢仲從王南征伐南淮夷、以其軍功而作器

③器因伐東國，亦紀征伐之事而作器。

④器則因獲毀貝而紀受錫之事以作器皆明見作此器之事由也。

4、以告命語起之例

①毛公鼎：「王若曰：『父厝！丕顯文武，皇天弘猒厥德……寇、四冊。

按師訇毀：「王若曰：『師訇……』西周、中、師寰毀：「王若曰：『師寰……』西周、中。其例均同」皆以告命語起句也。

②叔向父毀：「叔向父禹曰：『余小子司朕皇考，肇帥刑先文祖，共明德……』三吉。

③彔㦰卣：「王令㦰曰：『叡，淮夷敢伐內國，女其以

成周師戍于許自……」西周、上。

④師望鼎：「大師小子師望曰：『丕顯皇考寬公，穆穆克盟厥心……用辟于先王……」三吉。

按右四器，或以告語起，如①③是也。或自述，②是也。或追懷祖德，④是也，故以告語名之。

七、結尾文例

八、用作某器貽厥子孫語作結例

①剌鼎：「剌揚王休，用作黃公尊䵼彝，其孫孫子子永寶用。」三吉。

②大鼎：「……對揚天子丕顯休，用作朕烈考己伯盂鼎，大其子子孫孫萬年永寶用。」三吉。

③師望鼎：「……望敢對揚天子丕顯魯休，用作朕皇考寬公

隮鼎、師其萬年子子孫孫永寶用。」三吉。

④毛公鼎：「……毛公厝對揚天子皇休，用作隮鼎，子子孫孫永寶用。」愙、四冊。

按右例在銘文中至多，不更舉。

2. 以用作某器用祈福壽貽厥子孫諸語作結例

①追毀：「……用作朕皇祖考隮毀，用享孝于前文人，用祈匄眉壽永命，畯臣天子霝終，追其萬年子子孫孫永寶用。」三吉。

②師奎父鼎：「……用作隮鼎，用匄眉壽黃耇吉康，師奎父其萬年子子孫孫永寶用。」愙、四冊。

③師遂方尊：「用作文且它公寶尊，用匄萬年無疆，世孫子永寶，」愙、十三冊。

⑷曾壺：「……用乍朕文考釐公隩壺，曾用匄萬年眉壽永命多福，子子孫孫其永寶用。」兩周，中。

3. 直以用作某器一語作結例

①史懋壺：「隹八月既死霸戊寅，用乍父乙寶壺。」愙，十四冊。

②𠭯作父庚鼎：「己亥，𠭯見事于……，用乍父庚隩彝。」貞松，卷三。

③舍父鼎：「辛宮錫舍父帛……，用乍寶鼎。」貞松，卷三。

⑷白懋父毀：「虘東夷大反……用乍寶隩彝。」貞松，卷四。

按右例亦至多，不煩舉。

4. 以明器用一語作結例

①先獸鼎：「先獸乍朕考寶尊鼎，……用朝夕鄉乃多朋友

愙、六冊。

②周生豆：「周生乍隩豆，用享于宗室。」愙、十八冊。

③趙曹鼎：「隹七年十月……用乍寶鼎，用鄉朋友。」貞松、卷三。

④中𪓐父殷：「中𪓐父乍朕皇考……用享于宗室。」貞松、五冊。

按以上四器，銘文皆極簡約。

八、稱謂例

九、諡號例

趙曹鼎二：「隹十又五年五月既生霸壬午，龏王在周新宮，王射于射盧廬，史趙曹錫弓矢……」貞松、卷三。

按龔王即恭王、此生稱恭王也。由射于射盧可知。

按謚法之興、當在西周中葉以後、此稱恭王猶獻侯鼎之生稱成王、宗周鐘之生稱邵王、遹毀之生稱穆王、匡卣之生稱懿王也。由此證知舊釋成、昭、穆、恭為謚號者誤。王靜安于觀堂集林中辨之審矣。

2、姓名例

四 姓氏例

三代有女姓例

商女嫠彝：「女嫠堇刊壬癸曰商賞嫠貝朋、用作嫠尊彝

古籀、下。

孫仲容云：「按女嫠、蓋王臣女姓也、復有女艾（

左哀公元年傳少康臣）、商有女鳩女房（史記殷本紀、蓋本孔氏古文書敘也。今書敘作女鳩、女方）春秋晉有女齊（左襄二十六年傳）女寬（左昭二十六年傳）是三代時有女姓之證。」

據知林寶元和姓纂有汝姓為誤。

②名字例

(1)′前字後名連舉例

(1)″番菊生壺：「隹廿又六年十月初吉己卯、番菊生鑄賸壺用賸氒元子……」兩周、中。

按此番菊生即番生、菊與生、一字一名也。菊讀為鞠育之鞠、故名生字菊、古人名字連舉時、常字上而名下也。

②〃曾子仲宣鼎：「曾子仲宣選用其吉金、自作寶貞鼎、宣
……」貞松、卷三。
按仲宣乃一字一名、由下單稱宣可知也。
③〃蘇公子毀：「蘇公子癸父甲作隩毀、其萬年無疆……
用亯、」兩周、下。
某氏云：「此乃蘇之公子名甲字癸父者所作器也、
古人名字並擧時、率字上名下、此名甲字癸父猶
鄭石癸字甲父、羅振玉謂：『其文當是蘇公子癸
作父甲隩毀、文倒爾、』失之、王國維國朝金文
著錄表、其曾為羅所增益之全集本、于此器項下
、亦著此說、原版之雪堂叢刊則無之、此必羅所
竄入無疑矣。」

按左氏文十一年傳：「司徒皇父帥師禦之、耏班御皇父充石、」注：「皇父字、充石名、」疏：「古人連言名字者、皆先字後名、」據前①②兩條、于名字連舉時、實先字而後名。足知古人常有此一貫例也。

②' 稱祖略妣字例

不嬰毁：「隹九月初吉戊甲、用乍朕皇祖公伯孟姬尊毁、吉文。

按銘中孟姬、妣也、不稱皇妣、略之。金文多此例、如師酉毁：「……用乍朕文考乙伯究姬尊毁、」是也。

③' 女子名字例

○女子称字例

蔡大師鼎云「佳正月初吉丁亥、布蔡大帀師䑇賸鄦許弔叔姬可母飤繁、用祈：：：」兩周、下。某氏云：「可母當是女名、或省去母字、古者女子無字、出嫁則以其夫之字為字、就見于彝銘者言、如頌鼎：「皇考龔叔、皇母龔姒」、綸鎛：「皇祖又成惠叔、皇妣右成惠姜」、均其例證、故當其未許人時、曰「待字也」。

按此蔡女適許之媵器也。蔡乃周公之後、姬姓、古人女子無論已嫁未嫁均稱字（如可母）王靜安以為女字、謂女子字稱某母、猶男子自稱某父者是

也。又某氏所引龔弄惠皆謚、以夫謚為謚、某以為字

非是。

②″女子名字並舉例

𨟻侯敔：「隹五年正月丙午、𨟻侯少子析及孝孫丕巨、、、

叚乍皇妣宜君仲姬祭器八口、、、、」吉文。

按銘中宜君當是女字、仲姬當是女名、此女子字名

並舉之例、吳闓生謂「宜君、祖也」仲姬、妣

也」恐非是。

③姓名例

③′姓名分舉例

令彝：「隹八月辰在甲申、王令周公子明保尹三事四方

受卿旋事寮、丁亥、令矢告于周公宮、、、錫令鬯

金小牛曰用禕……乍册令敢揚明公尹乎宣……」

兩周・上。

按同時出土之令段之「隹王于伐楚伯在炎……丁丑

」乍册矢令僔宜于王姜……商賞令貝十朋……令

敢揚皇王室……」兩周・上・云云，知本銘之令、

為作册矢令，故自称其名，然本銘前段但称矢、

後段忽称令，文理似欠明晰，古人文法称姓名往

往如此，如录戜卣，前称王令戜曰，後称录拜稽

首，又南宮中鼎，前称南宮，後称中，皆與此同

也。

⑨′以國冠姓名例

陳子匜之「隹正月初吉丁亥，敶子乍廙孟為媯穀母媵媵鑑

用祈眉壽……用之」兩周、下。

按此陳子為其女所作之媵器也。「庰孟為穀母」以蔡大師鼎：「鄦叔姬可母」例之，庰當是國名、又陳伯匜：「陳伯𣪘之子白元乍西孟媯婤母媵鉈、永壽用之。」西、亦國名也。

3、國邑爵號例

①國邑例

國名罕見例

伯晨鼎：「隹王八月辰在丙午、王命䡅侯伯晨曰：「司嗣乃祖考侯于䡅、錫女巨鬯一卣……」三吉、

按銘中䡅侯、䡅字予見于載籍、吳闓生曰：「盠鼎有豐伯、孟鼎有南宮、小孟鼎有趞伯、明伯、善

鼎有䰜侯、馭方鼎有噩侯、趩鼎有溓公、師旂鼎有二侯、康鼎有艾伯、趞鼎有[illegible]叔、貿鼎有己其伯、大宰為書史所不經見者、」又按馭方鼎之噩侯即鄂侯。貿鼎之異伯即紀伯、本銘之𦋺侯、疑即韓侯、餘字多不識。

㈣爵號例

㈤非周室而稱王之例

彔伯𢦚敦：「隹王正月、辰在庚寅、王若曰：『彔伯𢦚！繇自乃祖考有口于周邦……用乍朕皇考釐王寶尊敦、」（窓、十二冊。）

按銘內彔伯稱其考曰釐王。又如甲、楚王領鐘之稱楚王、乙、越王鐘之稱越王……等、雖同稱王號

「但甲乙二器皆戰國時物」爾時王室卑弱、列侯力征、其称王乃僭越無疑、孟子書中之梁惠王、齊宣王皆然。惟戰國以前之称王者、有在其國、有對其所屬封域之內称王、非必僭越、彔伯父之称釐王、乖伯𣪘乖伯称其父曰幾王、王靜安先生云：「古者諸侯在其國自有称王之俗、不得盡以僭竊目之。」（觀堂別集補遺古諸侯称王說）其說至塙。

②古列爵無定制例

禽𣪘：「王伐⿱林去侯、周公某謀、禽又有敐祝、王錫金百寽、禽用乍寶彝、」兩周、上。

某氏云：「⿱林去即楚之異文、从林去聲、舊多釋無、說為鄦許」不知古無字並子从林也。周公與禽同出、周公旨周公旦、禽即伯禽。此伐楚侯、與令毀之伐楚伯」旨是同時事、古公侯伯子無定稱、此称侯、称伯、別有楚公鐘稱公、楚子簠称子、更有楚器多称王、五等諸侯之說、乃周末儒者所規擬。」

按五等爵之說、見于禮記王制：「王者之制祿爵、公侯伯子男、凡五等」又見于周禮春官大宗伯：「王、鎮圭；公、桓圭；侯、信圭；伯、躬圭；子、穀璧；男、蒲璧、」孟子云：「天子一位、公一位、侯一位、伯一位、子男同一位、凡五等、」三說皆大同小異、孟子與王制相比、則孟子以子男合并而首列天子、孟子與周禮相較、則周禮有六等、孟子之天子一位、與周禮之王一位相同、然公侯伯子男之名秩、則均有之、今考之彝銘、列爵確無定制！如晉、春秋經傳皆稱侯、其為侯爵無疑。然𠫑羌鐘、晉公盦皆稱公、秦子戈曰子。楚、春秋稱子、而楚王頵鐘、楚王酓章鐘則稱王、楚公逆鎛稱公、本銘稱侯、齊、春秋稱侯、雖莊二十七年稱伯、蓋霸之稱。又越絕書、吳越春秋、韓非子外儲說、說苑奉使篇等四書皆稱王、(四書皆戰國以後之作)齊世家稱公、而金文如齊侯盤、洹子孟姜壺、陳逆簠等均稱侯。燕、春秋稱伯、史記稱侯、匽公匜稱公、匽王戈称王、魯春秋經傳称侯、金文如魯侯鬲、魯侯殷称侯、史記世家及帥佳鼎称公、魯頌称公、國語称伯、小至邾、許、称爵亦至淆亂、如許、春秋經称男、自称曰子、國語吳語、吳與晉侯等黄池之會魯哀十三年。吳堅欲称王、晉僅允其称公、故董褐復命曰：「夫命圭有命、固曰吳伯、不曰吳王、諸侯是以敢辭。夫諸侯無二君而周無二王、君若無卑天子以干其不祥而曰吳公、孤敢不從君命、」吳王許諾、吳晉二君、直以爵號為商殷之詞、可上可下、足證當時封爵之淆亂、又可知西周封國確有等級、惟西周偶亂之、春秋時視亂為當然、至戰國則已潰沸無餘矣。

十、四夷称名例

小盂鼎：「隹八月既望辰在甲申……盂吕□□伐戜方、□□□□□三人，隻（獲）聝三千八百□聝……」兩周、上。

按此銘殘泐異常，但于古文古禮極關重要！細審全文，乃盂受王命攻伐戜方（即易之鬼方）歸告成功于宗廟而受慶賞之事也。易既濟：「高宗伐鬼方三年克之。」注疏皆不言鬼方為何國，唯後漢書西羌傳曰：「至于武丁，征西羌鬼方，三年乃克。」章懷注曰：「前書音義曰：『鬼方，遠方也』」本前書匡衡傳應邵注語。方濬益云：「周代彝銘，凡言征伐，東則曰東夷，如宗周鐘；曰淮夷

如㝨敦、魯伯霝盨。曰東國㾓夷、如毛伯敦、曰
郤方、如魯公伐郤鐘。于南〻則曰荊、如𧯷敦、
曰楚荊、如𤞷敦。曰南夷、如宗周鐘、曰南淮夷
、如仲称父鼎、兮伯吉父盤、曰蠻方、如虢季子
白盤。此則曰玁狁、如不𡢁敦、兮伯吉父盤、
虢季子白盤、備載諸器、此與梁伯戈並曰鬼方、
自是西方諸戎之通称、」按漢書郃陽令曹全碑文
銘辭〻「貢王庭、征鬼方、」蓋以全為西域戊部司
馬時討疏勒國王和德事、故亦称疏勒為鬼方。王
靜安鬼方考一文云〻「竹書紀年称〻「王季伐西
落鬼戎、」可知其地尚在岐周之西、今徵之古器
物、則宣城李氏所藏小盂鼎、與濰縣陳氏所藏梁

伯戈、皆有鬼方字、按大小兩盂鼎、皆出陝西鳳翔府眉縣禮村溝岸間、其地西北接岐山縣境、當為盂之封地、小盂鼎紀伐鬼方之事、鬼方之地、自當與盂之封地相近、而岐山郿縣以東即是豐鎬、其南又限以終南、太乙、唯其西汧渭之間、乃西戎出入之道、由是觀之、鬼方地在汧隴之間、或更在其西、蓋無疑義、由此設知方云鬼方為西戎、足可徵信、又知四夷稱名、皆散見銘文、其足為可證古史之資料、尤為章明矣。

九、紀時例

1、紀年例

(1)文首起年例

陳侯午鐘：「隹十又四年陳侯午台以羣者諸侯賕獻金乍皇妣孝大妃禘祭器鐓錞……」兩周、下。

按文首起年、幾為通例、如：

甲、睘卣：「隹十又九年、王在斥……」兩周、上。

乙、者汈鐘：「隹戉越十又九年、王曰者汈！女亦虔秉不涇……」兩周、下。

茲例多不更舉。

㈡以大事紀年例

㈠'趠鼎：「隹王來格于成周年、厚趠又遣于雪公、趠用乍……」窓、五冊。

按銘中「隹王來格于成周年」格、至也、王來至成周、于當年為要事、故藉此紀念、此以大事紀年之例也。

②' 旅鼎：「隹公大保來伐反夷年，在十又一月庚申，公在盩自……」據古。

按古無年號，往往以列邦之大事紀年，如左昭七年傳曰：「鑄刑書之歲」是也。在銘文中如：

甲、俞尊：「隹王來正尸方年」、

乙、大保鼎：「隹公來伐反尸年，在十又一月庚甲。」

丙、中鼎：「隹王命南宮伐反虎方之年」、

此皆以征伐用兵之大事紀年也。

③' 國差𦉜：「國差立事歲，咸，丁亥，攻工帀師𠑇盟鑄西亭墉寶𦉜……」殷青，下。

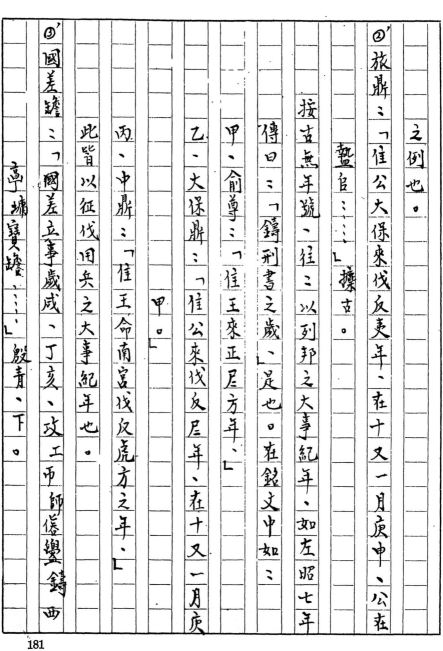

某氏云：「□國差立事歲咸丁亥」與陳猷釜：「陳猷
立事歲⋯⋯戊寅、」子禾子釜：「□□立事歲⋯
⋯⋯丙午、」同例。乃以事紀年之例也。

③附文中紀時例

陳騂壺：「隹王五月奠□陳旻再立事歲、孟冬戊辰、大
⋯⋯」西周、下。

某氏云：「此齊襄王五年、齊軍敗燕師所獲之燕器
。史記田敬仲世家：「襄王在莒五年、田單以即
墨攻破燕軍、迎襄王于莒、入臨菑、齊故地盡復
屬齊、」銘言奠□陳旻再立事歲者、即國復之後
重任舊職也。」

按金文紀時者、如越王鐘言孟春、與商鞅量：「冬⋯

十二月乙酉」于時上繫以孟仲季字、尤為僅見之一例。

2. 紀月例

①文首起月例

呂行壺：「唯四月、白懋父北征、唯還、……」兩周、上。

按文首起月、除本銘外、如：

甲、大盂鼎：「隹九月、王在宗周、……」兩周、上。

乙、周公毀：「隹三月、王令焚眔……」兩周、上。

丙、趞鼎：「唯三月、王在宗周、……」兩周、上。

本例尚多、餘略。

②王正月例

彔伯毀：「隹王正月辰在庚寅、王若曰：「彔伯𢦏……」

三吉。

按春秋經隱元年春王正月下左氏傳云「元年春王周正月」、公羊云「王者孰謂？謂文王也。曷為先言王而後言正月？王正月也。曷言乎王正月？大一統也」、穀梁云「雖無事必舉正月、謹始也」、按正者王事之始、王所為者、系之以王、春秋為尊王而作、故以王法正天下、所以正名分、定一尊故曰王。

他如云

甲、甗毀云「唯王正月、辰在甲午……」西周中。

乙、姑馮句鑃云「唯王正月初吉丁亥……」西周下

丙、楚王領鐘云「佳王正月初吉丁亥……」卷同。

皆言「王正月」、而金文中餘月亦冠以王者、如：

甲、伯晨鼎：「隹王八月……」

乙、曾伯霥簠：「隹王九月……」

右二器蓋重在為王之某月、不必在乎正月也。

③正某月例

褱兒鼎：「唯正八月初吉壬申、蘇公之孫褱兒……」吉文。

按正某月亦見他器、如：

甲、僕兒鐘：「唯正九月」

乙、子璋鐘：「唯正十月」

丙、陳侯因資敦：「唯正六月」

皆同例、正者、蓋曆法之正朔也。

④十三月例

遣尊：「隹十又三月辛卯，王在厈……」兩周，上。

按銘中十又三月者，閏月也。古者閏月置于歲終，故遇閏之年，則有十三月。卜辭已習見，周人沿襲殷制而已。書堯典：「朞三百有六旬有六日，以閏月定四時成歲，允釐百工，庶績咸熙。」前人以為歲十有二月，月有三十日者，乃常數，但因氣盈朔虛，則不得不置閏以補成一歲，然後四時不差，寒暑有度，而歲功得成，農桑庶物咸得其宜而民治熙庚也。

⑤以他字代某月例

陳逆毀：「冰月丁亥，陳氏裔孫逆乍為皇祖大宗毀……」兩周，下。

按吳式芬云：「冰月見晏子春秋，十一月也。」又陳猷釜称鹼月，子禾子釜称稷月，均以他字代月而不得其解，蓋一時風尚使然耳。

⑥月系初吉例

師嫠殷：「隹十又一年九月初吉丁亥，王在周，各于大室……」三吉。

按月後系以初吉二字，銘文習見，如：

甲、靜殷：「隹六月初吉，王在……」

乙、邵鐘：「王正月初吉丁亥……」

丙、鄀公華鐘：「隹王正月初吉……」

丁、齊侯鎛：「隹王五月初吉……」

此例至多，「初吉」見詩小雅小明：「二月初吉傳云「初吉、朔日也」又吉日詩云「吉日維戊」「吉日庚午」正義曰云「吉善之日也」王靜安云「古者分一月之日為四、一曰初吉、自朔至七八日；二曰既生霸、自八九日至望；三曰既望、自十六至二十二三；四曰既死霸、二十三以後至晦也」按初吉實一月內分段之日、王說甚是。

⑦以又字綴餘數例

禦父己鼎云「隹十月又一月丁亥、……」貞松補遺卷上。

按右銘凡四十一言、其義頗難通讀、羅氏以為商文體與周相異之處也、其稱隹十月又一月者、即十又一月也。小臣艅尊云「王十有五祀」作云「王十祀有五」、戊辰彝云「在十一月」作云「在十月一又小子口卣之「在十二月」作「十月二」、殷虛遺文稱十有一月、十有二月、作「十月又一」、「十月又二」、與此文例正同。

⑧列侯自用國曆例

鄀公敄人毀之「唯鄀正二月初吉丁丑、上鄀公敄人乍用毀……用享」兩周、下。

按銘云「鄀正二月」者、蓋不用王朝正朔而自用其國曆也、他如：

甲、鄧公毀之「隹鄧九月初吉……」

乙、者汈鐘之「隹越十有九年……」

其例均同。

十、銘用例

1. 銘功德例

𣪕伯段：「隹王九年九月甲寅、王命益公征眉敖、益公至告二月眉敖至見、獻⋯⋯⋯己未、王命仲致歸𣪕伯椃裘貂裘⋯⋯⋯」西周、中。

按銘言益公征眉敖、即征伐之事、益公至、言歸而飲至、告成功也、此為紀功之實例。

又如：

甲、㝬段：「㝬馭、從王南征伐楚荊、又有得、用乍父戊寶尊彝」

此紀征伐有得、言征伐有功也。其銘功之盛者、則如：

乙、小盂鼎：「王口盂目口口伐𢦏方口口口口口

執嘼三人，隻獲馘四千八百……俘人萬三千八十一
人……」

此亦紀功之實例。又如：

丙、虢季子白盤：「丕顯子白……經維四方，搏伐
玁狁，于洛之陽，折首五百……先行」，皆是。

2、昭勸誡例

①彔伯𢦚簋：「隹王正月，辰在庚寅，王若曰：『彔伯𢦚繇
自乃祖考有𠦪于周邦，右佑闢四方，惠固
弘天命，女肇不彖墜，余錫女秬鬯一卣、
金車……』彔伯𢦚敢拜手稽首，敢……」
愙、十一冊。

按銘中𠦪字，與毛公鼎、單伯鐘二器之「𠦪勤大

命」之尊字相近、吳清卿、王靜安均釋勞字、此句言彔伯之先祖、有勳勞于王室、下開拓四域、以順大天命、即見勳勞之實、女肇子墜、勉其纘承先業、勿墜家聲！此銘所以獎勸之也

②師望鼎：「大師小子師望曰：『丕顯皇考宄公、穆穆克盟厥心悊哲厥德、用辟于先王㝵屯得純亡敃、望肇帥井型皇考、虔夙夜出內納命、不敢不分不婁……』」（西周中）。

按本銘自丕顯考以下五句、皆追懷其皇考之德業、但師型皇考以下三句、則所以自勸誡之辭、曰夙夜出內王命、勤其職事也。不敢不分不婁、言不敢有所踰越、自戒慎之言也。

3、宴樂例

◎大鼎：「隹十又五年三月既生霸丁亥、王在糧侲宮、大呂厥友守、王鄉醴、王乎膳夫騳召大呂厥友入攼……」三吉。

按「大呂厥友守」謂守衛于宮門之外、呂猶與也。召大呂厥友入攼、言敔衛于宮門之內也。醴、說文：「酒一宿孰也」、饗醴、左僖二十八年傳：「己酉王饗醴、命晉侯宥、」杜注：「既饗又命晉侯助以束帛、以將厚意、」又詩吉日：「以御賓客、且以酌醴、」傳：「饗醴、天子之飲酒也、」箋云：「酌醴、酌而飲群臣、」又左僖十二年傳：「天子以上卿之禮饗管仲、」是自古天子有宴饗群臣之禮、如詩小雅所敘燕饗之樂、歡欣和愉以盡君臣之情、蓋饗禮之意也。此則饗其宿衛之臣耳。

②噩侯鼎：「王南征伐角鄱、唯還自征、在矸坏噩侯馭方內（納）豊（醴）于王、乃𠐓之、馭方晉侑王、王休𠪚宴乃射、……王宴咸畬飲……」（西周、中）。

按本銘為君臣相宴樂之事、乃𠐓之者、王靜安云：「王乃𠐓之者、謂王祼馭方也、馭方侑王者、謂馭方佐王也。周禮大行人：『侯伯之禮、王禮一祼而酢。』即此事也。此銘記君臣酬酢宴飲之實」、王說甚是。

③沇兒鐘：「隹正月初吉丁亥、郘王庚之𢦏孫子沇兒、

睪其吉金、自乍龢鐘、中終翰𠭰且旸、元鳴孔皇、孔嘉元成、用盤飲酉酒、龢逾會百生姓……以匽以喜、以樂嘉賓……」兩周、下。

按銘內一曰「用盤飲酒」、即孟子「敢樂飲酒」之意。再則曰「以宴以喜以樂嘉賓」、其為宴樂之事明矣。

4、孝享例

①虘鐘：「虘乍寶鐘、用追孝于己伯、用享大宗……」

愙、二冊。

按銘文用孝字享字、皆為祭器、故曰追孝、即論語「追遠」之意、享字于前章凡例中已及、不贅。

②虞司寇壺：「虞司寇伯吹乍寶壺、用享用孝、用祈眉壽

「子子孫孫永保用之」愙、十四冊。

按銘內言：「用享用孝，用祈眉壽」者，蓋以孝享其先人，祈先人予之眉壽也。

③杜伯盨：「杜伯乍寶[illegible]盨，其用享孝于皇申神且考……」兩周、中。

④其老句鑃：「唯正月初吉丁亥，其老擇其吉金，鑄句鑃，台以享台孝，用祈萬壽，子子孫孫永保用之。」

按③④兩條皆明言孝享祈福之義，不煩釋也。

5、銘文自言器用例

①先獸鼎：「先獸乍朕考寶[illegible]鼎，獸其萬年永寶用朝夕鄉乃多朋友。」愙、六冊。

按銘中「用朝夕鄉乃多朋友」明其為燕饗之器、是
銘文自言其器用也。

②邾敦：「邾作乃敦兩其萬年用鄉賓」、窓齋。

按邾乃人名、鄉即饗字古文、「用饗賓者、乃燕鄉之器，非祭器、」曰其萬年用鄉賓、亦銘文自見器用之例也。

③曾伯霥簠：「隹王九月⋯⋯自乍旅簠、以征以行、用盛稻粱、用孝用亯于我皇文考⋯⋯」

按此例亦與前①②條同、

十一、鑄作例

1.鑄鐘每用丁亥日例

楚王頵編鐘：「唯王正月初吉丁亥、楚王頵⋯⋯」貞松、卷一

按古人鑄鐘每用正月丁亥、如：

甲、虘鐘

乙、公孫班鐘

丙、沇兒鐘

丁、郘鐘

皆然、此例至多、羅振玉云：「此殆猶漢人作鉤均用五月丙午鑄」、此亦習為故常、其用意已不可考矣。

2、器名每加金字偏旁例

㈣廿七年⿰金皿：「廿七年盄為⿰金皿」、貞松、卷十一。

本器銘六字在腹外、羅振玉云：「⿰金皿字不見字書、當即皿字、說文：「皿、飲食之用器也」、象形

「與豆同意。此从金者，以金為之也」，按彝器之名，多加金旁，羅氏之言是也。

②平陽高馬里戈之「平陽高馬里鈛」，綴遺，十四册。

按本銘戈字多加金旁，與前例同，他如之

甲、攸簋之簋字作⿰金簋。

乙、圅皇父敦文之壺字作⿰金壺。

丙、鄀公「盂鼎」之盂字均作⿰金盂。

丁、叔匜、陳伯匜、史頌匜之匜字均作鉈。

茲例多，餘略。

十二、結構例

1.全銘至簡之例

①曾子選簠之「曾子選之行匿簠」，兩周，下。

按本銘凡六字、為至簡約之銘文、曾即春秋之鄫國、春秋襄六年：「莒人滅鄫」、昭四年書：「九月取鄫」是也。

②己侯鐘：「己侯虓乍寶鐘」兩周、下。

此鐘出于山東壽光縣紀侯臺下、己即紀也。銘亦六字。

乙.全銘以用字屬句例

①番君召簠：「番君召乍饙匡、用亯用孝、用旂眉壽、子孫孫永寶用之」貞松、卷六。

按銘中以用字連屬成文、彝器習見、旂即祈字。

②鄭伯大司工簠：「鄭伯大嗣工召叔山父乍旅匡、用亯用孝、用匄眉壽、子子孫孫、用為永寶」

貞松、卷六。

按銘亦以用字綴句、𤔲工即司空、釋見前章凡例中

。

③曾伯陭壺：「隹曾伯陭迺用吉金鐈鋚、用自乍醴壺、用

鄉賓客、為德無叚瑕、用孝用亯、用賜眉

壽，子子孫孫，用受大福無疆」（兩周下）。

按全銘仍以「用」字綴句、與前同、用鐈鋚作壺者、毀

舊器而鑄新器也。鐈、說文云：「似鼎而長足」、

鋚鑾首銅也。

3、敍受錫作器之事例

①頌鼎：「隹三年五月既死霸甲戌、王在周康邵宮、旦、

王各大室、即位、宰弘右頌入門立中廷、尹氏

受王令書、王乎史虢生冊命頌……錫女玄衣……
……用事……用乍……」窓、四冊。
按頌鼎為彝銘文字最完整之古器、于受錫之地矣、人物、方位……等記述詳備、當于典制章再析言之、茲則舉例而已。

②師奎父鼎：「隹六月既生霸庚寅、王各于大室、嗣馬井伯右師奎父……冊命師奎父、錫載市同黃……師奎父拜稽首……用乍尊鼎……寶用。」窓、四冊。
按頌錫之銘、如甲、鄧閉毁、乙、師虎敦。丙、師遽方尊、丁、頌壺……等器、因所敍人事頗繁、故文句較長、大氐均在百言以上、此例滋多、餘

略。

4. 為祀祖先而作祭器之例

① 伯顛父鼎：「伯顛父乍朕皇考犀伯吳姬寶鼎，其萬年子〻孫〻永寶用。」（窓、五冊。）

按顛字見說文：「頭顛顛大也。」犀伯與仲戲父𣪘之徲伯、犀伯魚父鼎之犀伯皆同字，一人也。此伯顛父祀其皇考犀伯、皇妣吳姬所作之鼎，子曰母者略之也。

② 師趛鼎：「唯九月初吉庚寅，師趛父乍文考聖公、文母聖姬尊鼎，其萬年子〻孫〻永寶用。」（窓、五冊）

按說文：「趛，低頭疾行也，从走金聲。」積古齋款識姬鑓母鬲𨰧字與此同。古文聖與聲通。春秋

」文公十七年：「小君聲姜」、公羊作「聖姜」、是
「李文考母達舉」、與上器異。

③鄀遣敦：「鄀遣作寶敦、用追孝于其父母、用錫永壽、子=孫=永寶用享」、愙。

④封仲敦：「封仲作朕皇考趄公䵼彝隩敦、用享用孝、旂匄眉壽、其萬年無疆、子=孫=永寶用」、愙、十一冊。

按③④兩器之銘曰追孝、曰用享用孝、皆為祀祖先而作之祭器也。

5、敘自作用器之例

①𢦏叔鼎：「隹八月初吉庚申、𢦏叔朕自作饙鼎、其萬年無疆、子=孫=永寶用之」、愙、五冊。

按𢦏說文：「傷也，从戈才聲」。哉載栽，皆从𢦏字得聲，餴字小篆亦作饙，說文：「滫飯也」。餴鼎即盛飯食之具，此自作用器也。

② 鄧公𣪘：「鄧公□□□自作饙𣪘，其萬年子子孫孫永壽用之」。（愙、十二册。）

按本銘同前，亦食器也。

③ 𡚱子伯簠：「𡚱子自作簠，其萬子孫永用」。（愙、十五册。）

按曾伯霥簠銘曰：「用自作旅簠，用盛稻粱」云云，是簠亦用器也。

第三章　銘文部位

器之勒銘、有其固恆之位置、是曰銘位，爰初銘本自名、僅備傳呼示別而已、故其文少、又多刻于器之底裡，或隱于鋬陰、若盉爵之類、最初多在鋬陰、所佔地位、實甚狹小，器之漸晚者、乃以文字作為美術之附庸，詭變其體勢、且更易其通常在器內之位置而勒之于器表、其以銘位為裝飾之條件、且顯而易見者、如鐘鎛之銘，則以規整之形式、鏤于器表，其字體隨勢變化，有意求美！又如齊國差罎，以有韻之文勒于器肩、以一獸環為中軸，而整列成扇形，此則化銘位為美麗之式形、為至顯明之例證，凡此皆基于審美意識所作之布置也。若器蓋具之物、有器蓋連為銘位者、或蓋有銘而器無字者，均較特殊，而一般銘位、多在口內、在腹、或腹內、或在器內腹底、此常見之例也。銘位之紛緐者爲爵，凡十類之多、此其特見者耳，其餘各器、皆自有其常在之銘位，則就其本身之形制、因勢而爲之，譬若山高澤下之自然位次、要各有其條貫云爾。

一、一般銘位例

1、口內例

①史秦鬲：「史秦」二字。貞松。卷四。

按此器銘在口內，有兩耳、足高于他器。

②王伯姜鬲：「王伯姜乍䵼鬲、其萬年永寶用」，貞松、卷四

按本器凡十二字、文在口內。

③伯上父乍姜氏鬲」伯上父乍姜氏尊鬲、其永寶用」貞松、卷四。銘十二字、亦在口內。

④應公壺尊」應公乍寶彝」綴遺、八冊。古銘五字、文在口內、橫行。

⑤中義父鑐」中義父乍旅鑐、其萬年子子孫孫永寶用」貞松、卷十二。銘十五字、在口內。

2、在腹例

①美爵」美乍氒祖可何公隩彝」窓、二十二冊。按此器銘在腹、可公當讀何公、石鼓」其魚維何」何字作可、古文通用字也。

②小皃爵」小皃乍旅彝」窓、二十二冊。

銘文在腹，殘字隱約可辨，餘均明晰。

③䖒爵：「䖒乍寶隩彝」愙、二十三冊。

銘五字在腹，首一字从虎，从耳，許書所無，作器者之名也。

④剛爵：「剛乍寶隩彝」愙、二十三冊。

銘五字在腹，剛字見散盤，亦作器者之名也。

餘如伯稽爵五字。受爵八字。銘均在腹內。

3、器底例

散氏盤：「用矢撲散邑，乃即散用田……氒受圖矢王于豆新宮東廷，氒左執口史正仲農」愙、十六冊。

銘三百五十言，文在器底。

二特殊銘位例

1、器蓋連文例

秦公毀：「秦公曰：「丕顯朕皇且受天命……四方」……」兩周、下。

按此物器蓋完具、銘辭分刻、器蓋語相銜接、與編鐘之銘分刻數鐘者同、為毀中所罕見。

2、蓋有銘器無字例

①番匊生壺：「隹二十又六年十月初吉乙卯、番匊生鑄媵壺、用媵乎元子孟妃口、子子孫孫永寶用。」貞松、卷七。

按本器之銘在蓋、而器無字。

②中盉：「中乍從彝」貞松、卷八。

銘凡四字、文在蓋、器無字。

③父癸臣辰盉：「父癸臣辰口」貞松、續、中。

按此盉銘亦在蓋而器無字。

３、銘文右行例

①昶白鼎：「永寶用高
萬年子孫
乍寶鼎其
口口昶白」貞松、卷三。

②深白友鼎：「子孫永寶用之
萬年無疆
林乍鼎其
唯深白友口」貞松、卷二。

三、各器分類銘位例

人鐘例

①銘在鉦銑、如兮仲鐘奇觚、鉦銘十三字、銑銘十四字。

②在甬、如𠭰鐘、甬銘六字〻〻𠭰泊抢口永寶〻奇觚、五册。

③在鉦隧、如鄦原鐘鉦兩面各八字、隧銘四段、段八字、共四十八字奇觚、五册。

④在鈕旁、如黄十鐘〻〻黄十〻貞松、補遺、下。

⑤自欒至鉦、如𠭰編鐘，銘自欒右至鉦間、凡十九字。

按鐘銘多在鉦間及鼓左、如吳生鐘、士父鐘、克編鐘等皆是也。

2、鼎例

①銘在腹底、如冄鼎、綴遺、三冊。

按鼎銘多在口內、此方鼎銘在腹底、為例之偶變。

②在耳、如王賊鼎貞松、續編、上文即在耳上。

3、鬲例

銘在口內、如①史秦鬲貞松、卷四。②王伯姜鬲、卷四。

按①②兩器已見前例、銘在口內。

4、甗例

銘在隔、如父庚甗、貞松、卷五。文在隔上。

5、彝例

銘在鋬內、如隹形彝、貞松、補遺上。

6、毀例

銘在蓋、如內公毀：「內公乍鑄從毀永寶用」、西清古鑑、卷二十七。

7、簠例

銘在器底、如鑄簠：一字、在器底、貞松、卷六。

8、尊例

①銘在圈足內、如立戈尊綴遺、八冊。

②在腹底、如玄武尊、卷同上。

9、壺例

銘在壺頸、如林氏壺、貞松、卷七。

按此銘在壺頸外四周、不能知其起訖、此器已入歐洲、見西人某書中。

10.觶例

銘在器足、如且丙觶、貞松、卷九。二字在器足內側、同卷句觶例同。

11.爵例

①.銘在柱、如：

甲、父癸爵、父癸二字在柱、愙、二十二冊。

乙、光父爵一、二、二器同文、款均在柱上、貞松、卷九。

丙、鼎父乙爵、三字、在柱、貞柱、卷十。

②在腹、如：

甲、小臮爵、六字在腹、已前出。

乙、乃父爵、七字、在腹內、愙、二十二冊。

③在鋬内及柱上、如：

甲、右爵、右字在柱、作彝二字在鋬内。愙、

二十二册。

乙、聿貝父辛爵、鋬内二字、柱上二字。愙、

二十二册。

④在鋬下足上、如丁爵、綴遺、九册。

右銘一字、在鋬下足上、按爵銘在足罕見。

⑤在口、如亞形中尊箕形爵、銘在口、愙、二十二册。

⑥在柱及口、如：

甲、父戊舟爵、父戊舟三字在口、乍尊二字在柱

乙、龍乍父丁爵：「龍乍父丁尊彝」上四字在柱

、下二字在口。

丙、埶乍祖辛爵，埶乍二字在柱，祖辛旅彝四字

在器口上三器均見、窓、二十三册。

12、戈例

①銘在胡、如：

甲、龍文戈、文在胡。

乙、獸形戈、胡銘二字。

丙、琱戈、面背銘各一字、在胡。

上三器均見綴遺、十四册。

②在內、如：

甲、雲雷戈、銘一字、在內。

乙、獸形戈、銘在內。

丙、琱戈、面背銘各一字在內、卷同前條。

③在援、如：

甲、眉形戈、面背銘各一字、在援、綴遺、十四册。

乙、黃戈、銘二字、在援、奇觚、五册

丙、錫戈、銘一字、在援、綴遺、十四册。

13、劍例

①銘在脊、如齊良劍、銘三字、鈿金、文在中脊、綴遺、十四册。

②在劍格、如十年下軍短劍、銘在劍格、貞松。

按如上述諸器外；他如刀銘之在脊、鐳銘在口上、口內、匕銘在陰陽二面、豐銘在鈕側、瓦登銘在槃下、鐙銘在肩、最習見者不列。又以上分類銘位、均見諸大家之箸錄、其不在金文要籍內者亦未列、前後之次、則倣貞松堂分類排比之。

第四章　典制

彝銘多為周代遺制、而亦間有殷物、夫禮失而求諸野、今列典制一例、其首目曰錫命、即與古錫命之制、若合符節、公羊莊元年：「王使榮叔來錫桓公命」注：「禮有九錫：一曰車馬、二曰衣服、三曰樂則、四曰朱户、五曰納陛、六曰虎賁、七曰弓矢、八曰鈇鉞、九曰秬鬯」是也。又與周禮春官大宗伯之九命：「一命受職、再命受服、三命受位、四命受器、五命賜則、六命賜官、七命賜國、八命作牧、九命作伯」之文多同。而金文之言錫命者、不可勝舉、是彝銘可據以稽考典制之明徵也。餘如大亞作册之可以補證職官、京宮大室之可以推尋古國邑宗廟之遺跡。又軍旅例之八師、旂幟例之九游以及車馬射御刀貝之制、皆可補典制之遺闕、此典制一例之特色、實為金文足徵文獻之佳例也。

凡例

(一)凡册命每在大室

按大室為三代頒布政令之所在，猶後世之明堂朝廷之所在也。大室之名、王靜安先生釋之至詳、其言曰「太室者、以居四室之中、又比四室絕大、故得此名太者大也、其在月令，則謂之太廟大室⋯太室之太對四室而言、又謂之世室、世亦大也、古者太大同字、世太為通用字、故春秋經之世子、傳作太子、論語之世叔、左傳作太叔、又如伯父之稱世父、皆以大為義、故書洛誥、禮月令、春秋左氏、穀梁之太室、孝工記、明堂位、公羊傳並稱世室、又太室居四堂四室之中、故他物之在中央者或用以爲名……殷商卜辭中兩見大室、此殷宗廟中之大室也、周則各廟皆有之……」

今册命爲任官之大典、必在太室之內舉行。如：

甲、師奎父鼎：「隹六月既生霸庚寅、王各于大室……王乎內史駒册命師奎父……用嗣乃父官友……窓、四册。

乙、頌鼎：「隹三年五月……王在周康卲宮、旦王各大室……王乎史虢生册命頌王曰頌命女官嗣成周……窓、四册。

丙、師虎毁：「隹元年六月……各于大室……王乎內史册命虎……命女更賡乃祖考、啻官𤔲ナ右戲緐荊⋯」兩周、上。

丁、吳彝：「隹二月⋯王在周成大室⋯王乎史戊
冊命吳𤔲旃罘叔金⋯」兩周、上。

(二)金文凡言黃衡均著其色

按此為服飾類之通例、如：

甲、毛公鼎：「錫女⋯朱市悤黃衡」愙、四冊。

乙、曶壺：「錫女⋯赤市幽黃衡」貞松、補遺中

丙、師酉𣪕：「錫女赤市朱黃」愙、九冊。

丁、師奎父鼎：「錫載市冋黃衡」

戊、師嫠𣪕：「錫女叔市金黃衡」兩周、中。

黃本古珮玉之象形文、即佩玉衡若珩之本字、後乃叚

為黃色字而失其本義、載籍中每以衡若珩代之、後

人無由窺其初形矣。

一、錫命例

人、冊命例

①冊命儀式例

頌鼎：「惟三年五月既死霸甲戌、王在周康邵宮、旦、王格大室、即位、宰弘右頌入門立中廷、尹氏受王命書、王乎史虢生冊命頌、王曰：「頌：命女官𤔲成周：：㔾乚寍、四冊。

按本器于傳世古物中、敘冊命之典最詳。其述冊命儀式、尤言簡事賅：王先入大室、即王之常位、次由相導引受錫者入大室、立于大廷、（他銘如吳彝、更有北鄉二字）然後奉冊官讀王冊書、以昭天子休命、于是禮成矣。

望𣪕：「隹王十又三年六月初吉戊戌、王在康宮新宮、旦王各大室，即位、宰倗父右望入門立中廷、北鄉、王乎史年册命望……」（兩周、中）。

按本器無「某某受王命書」一語、而于「中立廷」三字下增「北鄉」二字、餘同、此簡而完備之册命儀式也，茲例甚多、餘略。

② 典事職官例

師晨鼎：「隹三年三月初吉甲戌、王在周師彔宮、旦、王各大室、即位、𤔲司馬共右師晨入門立中廷，王乎乍册尹册命師晨足師俗𤔲……」（兩周、中）。

據右銘、參與大典之人員有：

甲、王。

乙、相導、（司馬光）。

丙、受錫人（師晨）。

丁、讀册官（作册尹）。

凡四人、除王與受錫人外、典事職官凡二員。

按司馬共右師晨入門立中廷者、言司馬共相師晨入門以至立中廷為止、此中廷即大室之廷、銘文于所命者入門後、略去升堂入室諸細節、直曰中廷、古人于大室本有廷稱、左傳云「楚共王與巴姬密埋璧于太室之廷」亦指此地。大室之廷、猶班固言云「承明金馬著作之廷」云爾。故銘文言中廷、即太室南北之中也。凡册命之禮、皆與古宮室之制相關、不可不知、以上釋中廷本王靜安說。右者儀禮覲禮：「太史是右」注：「右讀如周公右王之右」古者入覲之禮、必有相禮之人、右與侑佑義同、贊助之也、乎、古呼字、甲文習見、作册、官名、他銘或用内史、如師奎父鼎是。

寰盤：「隹二十八年五月既望庚寅、王在周康穆宮、旦、王各大室、即位、宰頵右寰入門立中廷、北鄉、史口受王令書、王乎史淢册錫寰……」西周、中。

按右銘與前條相較、惟多：「史口受王命書」一語、而與頌鼎：「尹氏受王命書」一語同例。他銘多省此句、據此、則典事職官又多一員，凡三員矣余竊以受王命書，此書即册，史口及尹氏、皆奉册之官、而史減則讀册之官歟。

③即廟册命例

無叀鼎：「隹九月旣望甲戌、王各于周廟……王乎史友册命無叀曰……」賓、四册。

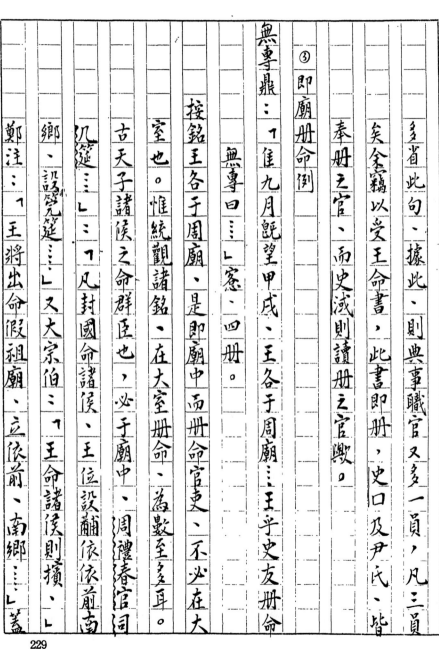

按銘王各于周廟、是即廟中而册命官吏、不必在大室也。惟統觀諸銘、在大室册命、為數至多耳。

古天子諸侯之命群臣也，必于廟中、周禮春官司几筵：「……」：「凡封國命諸侯、王位設黼依依前南鄉、設筦几筵……」又大宗伯：「王命諸侯則儐、」鄭注：「王將出命假祖廟、立依前、南鄉……」蓋古者大事必告于廟，即廟冊命，亦矜重之義也。

師酉𣪘：「隹王元年正月，王在虞太廟……王乎史□冊命師酉……」窓、九冊。

按右銘亦在廟冊命之例也。

2. 頒錫例

㈠錫職官例

𧦝𣪘：「隹正月乙子巳，王各于大室，穆公入右𧦝立中廷，北鄉，王曰：『𧦝！令女作𤔲司土徒……錫女戠玄衣（織）……楚，徒走馬……」兩周，中。

某氏云：「楚，走馬，當是二職名。楚，即毛公鼎：『小大楚賦』之楚，亦即周禮小司徒：『以比追胥』之胥，走馬即趣馬，蓋同戰中之賤者」

按毛公鼎：「埶小大楚賦」、楚字、王靜安以為楚為胥、皆疋聲、楚讀作胥、周禮地官：「胥師二十四」是胥官名（蓋小吏）、此以職官為錫也。

大克鼎：「王在宗周、旦、王格穆廟……王乎尹氏册命善夫克……錫女田于博原、錫女史小臣……」窓、五册

按銘曰：「錫女史小臣」即錫職官之例也。

②錫旂例

錫䜌旂例

①' 趞鼎：「錫女赤巿幽亢、䜌旂用事……」窓、五册。

②' 頌鼎：「錫女……赤巿朱黃、䜌旂、攸勒用事……」兩周、上。

③' 豆閉毀：「錫女戠衣、𢆶巿、䜌旂、用併乃祖考……」兩

周、上。

④剌鼎：「錫女赤⑧市、䜌旂、用事……」兩周、中。

⑤走毁：「錫女赤口口、口旂、用口……」兩周、中。

按右五條，皆明見䜌旂二字，䜌、殆即鸞若鑾之初文、虢季子白盤：「用政蠻方」、蠻字作䜌省文。

鸞說文：「赤神靈之精也。赤色五采、雞形、鳴中五音、頌聲作則至、从鳥䜌聲」、許意謂鸞為鳥、其鳴聲和而中節，故廣雅釋鳥亦曰：「鸞、鳳凰屬也」、又鑾字說文云：「人君乘車四馬、鑣八鑾鈴、象鸞鳥之聲龢則敬也、从金鸞省聲」、」上二字皆从䜌得聲、聲母相同、則義近可通、古䜌和皆鈴也。禮玉藻：「在車則聞鸞和之聲」

鄭注：「鸞在衡、和在軾。」左桓二年傳：「錫鸞和鈴、昭其聲也、」注：「鸞和皆鈴也、」故鸞鑾二字可通、虢季子白盤：「用政征緐方。」下無虫字、與本例下無鳥字皆省形存聲之例、銘之緐即鈴。 旂、說文：「旗有眾鈴、以令眾也、从㫃斤聲、」爾雅：「有鈴曰旂、」左桓二年傳注：「鈴在旂、」是有鈴之旗名旂、若緐旂二字連讀、亦即有鈴之旂也。然竊謂緐旂當為二事、故銘文中敘頒錫有僅言旂而不及緐者、從可知也。

錫旂例

⑩免簠：「錫戠衣、緐、對揚王休……」兩周、中。

②' 望毁：「錫女赤⊗市、䜌、用事……」卷同上。

③' 趙曹鼎一：「錫趞曹載市冋黄、䜌、趞曹拜稽首、」貞松、卷三。

④' 趩觶：「錫趩戠市冋黄、旂、用事……」兩周、中。

⑤' 師奎父鼎：「錫戠市……戈琱㦸、旂、用嗣乃父……」窓、、四周。

⑥' 師艅鼎：「錫赤市、朱黄、旂、艅拜稽首……」兩周、中

按右六條①'②'③'三條、皆言䜌而不及旂。④'⑤'⑥'三條又單言旂而不從䜌、足證䜌與旂之為二物、單錫䜌或旂、亦可歷錫䜌旂也。又按師兑毁：「錫女乃且巾、」貞松、卷六。楊樹達云：「按金文記賜物、絕未見以巾為錫者、惟留壺蓋云：「錫

女鬯一卣玄衮衣赤巾。乙貞松、有赤巾之文。以
他器較之（按即本章凡例二所舉如赤市朱黃之類
是）赤巾明謂赤市、巾非錫物、以聲類求之、巾
蓋旂之叚字也、尋巾字今讀陰聲、渠希切、乃後
世之變音、其字本从斤聲、古讀與斤同、乃陽聲
字、知者小雅庭燎以旂與晨輝為韻、左傳僖五年
童謠、以旂與晨辰振賁焞軍奔為韻、巾與旂古音
同、故銘文叚為旂也。」按楊氏循金文赤市朱黃
之例、以推知曶壺：「衮衣赤巾、」之宜為赤市
、由錫旂例、如：
甲、盂鼎：「錫乃且南公旂、」。
乙、善鼎：「錫女乃且旂、」

與師覍毀：「錫女乃且巾、」同例、證知師覍毀巾字之段為旂、斯皆就文例以考釋金文之顯例、于序言中已及之矣。

③錫戈例

①'師毀毀：「隹王元年正月初吉丁亥、白龢父若曰：『師毀……錫戈戣琱㦴厚必柲彤尾緌十五鍚、鐘一……」兩周、中。

②'寰盤：「隹廿又八年五月……王乎史減冊錫寰……戈琱㦴厚必彤沙緌、寰拜稽首……」卷同上。

③'無叀鼎：「隹九月既望甲戌、王乎史翏友冊命無叀……錫女玄衣……戈琱㦴厚必彤沙……」卷同上。

④'休盤：「隹廿年正月既望甲戌……王乎作冊尹冊錫……

赤市朱黃戈琱彤　䮂必〻〻」卷同上。
某氏云〻「戈琱戟句、言戈之有琱識、有䮂柲、有紅緌者十五具、錞即戈鐏、言戈以錞計也、緌字本器作屡、乃本字、从尾沙省聲、戈緌以犛牛尾為之、故从尾、它器多叚沙字為之」又曰〻「䮂疑考工記〻『廬人為廬器、』之廬、說文作籚、謂〻『積竹、矛戟矜也。』此蓋其初字、」
按某氏所釋是「矛戟矜」、說文〻「矜矛柄也、」又叚為凡戈戟之柄。柲、說文〻「欑也、从木必聲、」而考工記注〻「柲猶柄也、」說文又云〻「欑、積竹杖、」是䮂柲即積竹之柄、取其堅而有力、
又按金文錫戈後、每繼之以弓矢、故下承錫弓矢一

例

㈣錫弓矢例

①'伯晨鼎：「隹王八月……王命䡴侯伯晨：錫女……彤弓彤矢旅弓旅矢……」愙、五冊。

按彤彤二句、孫仲容曰：「旅並黸之叚字、俗作旅非、書文侯之命：『彤弓一、彤矢百、旅弓一、旅矢百、』又僖二十八年左傳：『彤弓一、彤矢百、旅弓矢千、』此所錫正與彼同、」按孫釋甚是。彤赤色、旅黑色、皆繪飾之以示不同也。

②'趞曹鼎二：「隹十有五年……王射于射盧、史趞曹錫弓矢……」貞松、卷三。

按本銘蓋王射時、趙曹從、故王以弓矢錫之、史趙曹錫弓矢、言趙曹見錫于王以弓矢也、此錫字為被動詞。

③' 靜卣：「隹四月初吉丙寅……王錫靜弓、靜拜稽首……」兩周、上。

④' 馭方鼎：「王南征伐角鄱、唯還自征……王親錫馭方口五瑴、馬四匹、矢五……」窓、五冊。

按以上四條、為錫弓矢之一般。有弓矢並錫者、有單言錫弓或矢者、固非一定耳。

⑤ 錫弓矢琱戈多為武臣例

①' 虢季子白盤：「王曰伯父！孔顯有先！賜乘馬、是用左〔佐〕王、賜用弓彤矢其央、賜用戉、用政〔征〕

䜌方……」兩周、中。

按銘中賜、即錫字之異文。揚毁：「賜女赤巿、䜌旂、」明為錫字無疑。

②寰盤：「錫寰玄衣……戈琱㦸彤沙……」兩周。

按本銘已見前引、某氏云：「以琱戈為錫、知寰自是武臣。」

③不嬰毁：「白氏曰：『不嬰！女小子肇敏于戎工、錫女弓一矢束……」兩周、中。

按「戎工」、工功同。戎功、軍功也。不嬰、馭方曾從征玁狁、有功之武臣、故錫弓矢以旌其勳勞也。

二、職官例

1.稱亞例

①𪊨𣪕：「唯王正月，辰在甲午，王若曰：『𪊨！命女嗣成周里眔者（諸）𥎦（侯）大亞，嗷（訊）訟罰……』」兩周、中

②耳口彝：「辛子（巳），王飲多亞……錫貝二朋……」吉文。

某氏云：「亞者尚書牧誓及立政有『亞旅』，酒誥『越在內服，百僚庶尹，惟亞惟服』，周頌『侯主侯伯侯亞侯旅』，乃據詩知亞與旅實二職，書梓材『司徒、司馬、司空、尹旅』，乃亦謂尹與旅也。據酒誥知亞乃王官，為亞者不只一人，故卜辭有多亞（後編下、三十一、九）𩵦彝亦有多亞貞松、卷四、亞之為職，實殷代以來所舊有，此言大亞、

知亞職亦有大有小、猶羣右之有大右與小右也。
按商代職官有亞有旅、見甲文、二字分開、旅固與師眾同意、隸軍事、在政治上與庶官同、周代亞旅合用。如牧誓、立政、均見亞旅字、則為官名、其位次為：一、御事、二、司徒、三、司馬、四、司空。二三四為三公。五、亞旅。知亞旅必是官名。又亞旅二字、合則為官名、分則為封爵、如酒誥：「越在內服王畿百僚庶尹、惟亞惟服、」據此則為封爵也。至春秋時、晉魯猶有以亞名官者、左文十五年傳：「宋華耦來盟：曰請承命于亞旅、」又左成二年傳：「公會晉師于上鄍、賜三帥三路三命之服、司馬、司空、輿師、侯正、亞旅、皆一命之服、」是亞旅為官名也。
某氏云亞旅為二職、實則亞旅二字、分則為封爵、合則為官名也。

2、卿事寮例

①令彝：「隹八月、辰在甲申、王令周公子明保……受卿旋事寮……舍三事令（命）眾卿旋寮……」兩周、上。

②毛公鼎：「王曰父厝！已曰级丝卿事寮太史寮于父即君……」憲、四冊。
吳清卿曰：「書牧誓：『是以為大夫卿士』、詩傳：『士、事也』、詩假樂：『百辟卿士』、詩箋：『卿士、卿之有事也。』」

按金文史吏事三字本通用、又據吳所引傳箋、事即士義、故金文卿事、即經傳之卿士、卿士、太史皆官名、寮通僚、僚友之義。大氏卿事乃最初之名、卿為官名、官之供事者曰卿事、後世始作卿士、詩小雅十月之交云「皇父卿士」是也。

3. 小子例

① 師望鼎云「大師小子師望曰：『丕顯皇考寬公……』」愙、九冊。

② 毛公鼎云「命女兼𤔲（司）公族雩（與）參（三）有𤔲（司）小子、師氏、虎臣……」愙、四冊。

吳清卿于師望鼎下釋之云：「首稱師望者、太師之子嗣其父為太師、鑄鼎以祀考廟、故自稱小子也。」

積微居金文説駁之云：「小子之文、金文屢見、吳氏釋子爲父子之子、殆不可通、如毛公鼎：「命女兼司公族與三有司小子、師氏虎臣、」已不得以爲三有司之子也、吳于毛公、別以周禮夏官小子爲説、又與下文師氏虎臣不類、亦非也。竊疑小子之稱、蓋謂官屬也、尋周禮天官太宰之下有小宰、地官司徒之下有小司徒……皆佐其長以爲治者……以此推之、小子當爲屬官、特小司徒之類、皆一人之專職、小子爲屬吏之泛稱。周禮春官太師職掌樂律之事、序官記大師下大夫二人、而太師小師之外、又別有典同磬師鐘師笙師鎛……諸職、分掌樂律之事、皆太師之官屬、此文言太師小子、猶今言太師屬官師望若非屬太師之下大夫、則必小師及典同磬師鐘師笙諸職之官、以其職為樂師、故稱師望。此猶晉之師曠、鄭之師慧也。由此廣推之。毛公鼎之三有司小子、亦謂三有司之官屬也。」又引逸周書芮良篇云：「惟爾執政小子……（文言執政小子者四）與此銘云太師小子及毛公鼎之三有司小子、令鼎之師氏小子文例並同、蓋謂執政羣僚也、」

按楊氏釋金文中「小子」二字、為屬官之泛稱、其言甚辨、于文義可通是也。

4.冢司徒例

㫚壺：「隹正月初吉丁亥、王各于成宮、井公内入右㫚、王乎尹氏册命㫚曰：「更乃祖考作冢𤔲土司徒于成八自……」兩周、中。
按銘中「冢司徒」之冢字、爾雅釋詁：「冢、大也、」說文：「冢、高墳也、」段注：「引申之凡高大曰冢、太子曰冢子、太宰曰冢宰、」是冢有大義。司徒之官、金文習見、如免毀：「王在周、命免作嗣土、」康侯鼎亦有嗣土字、仲白匜：「魯大嗣土子仲白作其庶女……」又伯郄父鼎：「晉嗣土伯郄父作周姬……」兩周、下。某氏以為春秋時器、但晉以釐侯廢司徒、釐侯薨在宣王五年、至平王凡百年乃入春秋時、某以為春秋器誤也。至春秋之世、魯宋均有大司徒、如魯大司徒匜、弘卣：「樂大司徒求之子弘作旅卣、」要之周室有大司徒、有司徒、至春秋中葉各國亦有大司徒之官、冢司徒即大司徒也。

5、家司馬例

趩鼎：「唯三月、王在宗周、王曰趩、命女作𢿢𠂤冢嗣馬啻官僕射士……」（兩周、上。）

某氏云：「家司馬職于周禮有之、其職文與序官互易、其見于序官之職文云：「家司馬各使其臣以正于公司馬、」鄭云：「家、卿大夫采地、正猶聽也、公司馬、國司馬也。卿大夫之采地、王不特置司馬、各自使其家臣為司馬、主其地之軍賦、往聽政于王之司馬、」今以本銘徵之、則家司馬亦為王所親命、則「各使其臣、」與「王不特置司馬、』之解均非是。

按周禮夏官鄭注：「往聽政于王之司馬、」句、王字宜為國字。在西周、王可置家司馬、趞鼎是也。（此鼎某氏列之于穆王時）至春秋、天子不于大夫家置司馬。左昭二十五年記魯昭公伐三家、公孫于齊：「叔孫氏司馬鬷戾言于其眾曰：『若之何？……』莫對、又曰：『我家臣也、不敢知國、凡有季氏與無、于我孰利？』皆曰：『無季氏是無叔孫氏也、』鬷戾曰：『然則救諸』師徒以往、」此國字顯言諸侯、知鄭以國為天下之非是。金文中如師奎父鼎、師農鼎內均有司馬、其上無大字。春秋時列國有大司馬、楚大司馬公子側左成四、九年。宋大司馬孔父嘉隱三年。司馬二字尤多、晉宋楚陳蔡皆有之、金文又有邦君司馬、見豆閉毀、前已引、邦君司馬不見于周官、某氏以為即都司馬近是、周官：「都司馬掌眾庶車馬兵甲之政令以聽國司馬、」是都司馬與家司馬相等。按豆閉毀賞豆之物：「䜌旂弓矢、」錫弓矢必為武臣、前例已及之。知此司馬為武官也。又金文言官職處特多、除上所舉而外、尚有盂鼎之邦司、夷司王臣、望鼎之太師、克鼎之善夫尹氏、史頌鼎之宰、司貯、大鼎之走馬、季鼎之司寇、曶鼎之司卜、南、比鼎之相史、羌鼎之車官、申鼎之太史、盂鼎之內史、克鐘之士、矢令彝之諸尹里君百工諸侯田男、吳彝之司旃、衛𣪕之御正、矢令𣪕之公尹、同𣪕之司陽林虞牧、揚𣪕之司工司空司馬司寇、穴𣪕之司𣪕、諫𣪕之司宥、免𣪕之左右司馬、師虎𣪕之左右戲緐荆、國差罏之工師等、于經傳或已有、或無之、皆可藉金文以為參證也。

三、祭祀例

協日祭祖妣例

戊辰彝：「戊辰弜師錫肄𠳽廿貞賈貝、用乍父乙寶彝在十月一隹王廿祀盈日遘于妣戊、武乙奭彘一口、乚殷文存。

此殷器、祭祀日辰、與祖妣之名協合、此殷人祀祖之典制也、甲文有、「壬寅卜貞：王賓大戊奭妣壬翌日亡尤、」後上二頁八片、及「辛丑卜行貞：王賓大甲奭妣辛翌日亡尤在八月、」後上二頁七片。兩片皆以生日卜祭于其祖若妣、故此卜祭妣壬以壬寅、卜祭妣辛以辛丑、日與號協、乃所以為協日、本銘則遘于妣戊以戊辰也。銘言妣戊武乙奭、猶卜辭言：「大戊奭妣壬、」「太甲奭妣辛、」奭字卜辭常見、蓋今配字之初文也。

四、宮室例

1.王在某宮例

①趞曹鼎一：「隹七年十月既生霸、王在周般宮……」貞

松、卷三。

②趞曹鼎二：「隹十又五年五月既生霸壬午、龔王在周新宮……」卷同上。

③頌鼎：「隹三年五月既死霸甲戌、王在周康邵宮……」

愙、四冊。

④師湯父鼎：「隹十又二月初吉丙午、王在周新宮……」

愙、五冊。

右第③條康邵宮、近人唐蘭謂：「『康邵宮』、『康穆宮』、者、康宮中之昭王穆王廟也。康宮為其總名、而昭穆以下、則各為宮附于康宮也。」

某氏駁之曰：「康王、昭王、均係生號、非可預于生時自定當為康宮之昭穆而號昭號穆。如何毀有「華宮」(王在華宮)剌鼎有：「王各般宮」，趙曹鼎之一言：「王在周般宮」，其二言：「王在周新宮」，師遽毀言：「王在周客新宮」，望毀言：「王在周康宮新宮」，則華、般、新等，無王可坿麗也」。

按所駁者是，凡言般、新、康、邵，皆美飾之詞，非專指某王而言也。

2、王在某宮某大室例

①君夫毀：「隹正月初吉乙亥，王在康宮大室……」，愙、十一冊。

②吳尊蓋：「隹二月初吉丁亥，王在周成大室……」，愙、十三冊。

按由右例可知大室多在宮內、宗廟稱宮、康宮為宗廟之名、古者宗廟朝堂蓋在一處、趞鼎：「王在宗周、王各于太廟、密叔右趞即位、內史即令、王若曰趞：：：」此即在太廟冊命也。又大室即朝即堂、其制肇之于殷、其時已有太室之名、見甲文：「庚辰卜大貞：來丁亥、其奈于大室（大室）勿西鄉、」卜通、七六一片。殷人至重視奈祭、為祭典之大者、乃行于大室之內、至周而須行政令即專在太室、故冊命賞功、每于太室之內舉行、其所由來者漸矣。

又王在某宮格大室例

①揚𣪘：「隹王九月既生霸庚寅、王在周康宮、旦、王各

大室、即立、司徒留伯內右揚、王乎內史册命揚……」憲、十一册。

②伊毀：「隹王廿又七年正月既望丁亥、王在周康宮、旦、王格穆大室、即立、𤕌季內右伊立中廷、北鄉、王乎令尹口册命伊……」貞松、卷六。

按格大室。格各通、至也、來也，太室在宮內、上已言之、而曰格者、非出宮而前往太室、乃往就太室王之常位次、以册命宮吏、觀下文可知也。

4.宮與家室同之例

①善鼎：「隹十又一月初吉、辰在丁亥、王在宗周、王格太師宮……」吉文。

②牧毀：「隹王七年十又三月、既生霸甲寅、王在周、在

師游父宮……」兩周、上。

按右銘第①條太師宮、大師之家也。第②條師游父宮、師游父之家也、是王亦各人臣之家、不獨宗廟、按宮即普通家室之義。古者自天子以迄于庶民、所居之宅皆云宮室、孟子滕文公上：「且許子何不為陶冶？舍皆取諸其宮中而用之……」趙注：「宮宅中」、按爾雅釋宮云：「宮謂之室、室謂之宮」、春秋隱五年：「考仲子之宮」、穀梁文十三年傳曰：「伯禽曰世室、羣公曰宮、」是宮廟通稱宮室也。左氏莊二十一年傳云：「虢公為王宮于玤、」鄘詩：「作于楚宮、」又云：「作于楚室、」是天子諸侯所居、通稱宮室也、左氏僖二十八年傳云〻「令無入僖負羈之宮、」

檀弓云〻「季武子成寢杜氏之喪、在西階之下、請合葬焉、許之、入宮而不敢哭、」是大夫通稱宮室也。士昏禮云〻「請吾子之就宮、」喪服傳云〻「所適者以其貨財為之築宮廟、」大戴禮千乘篇云〻「百姓不安其居、不樂其宮、」是庶人通稱宮室也。釋文云〻「古者貴賤同稱宮、秦漢以來、唯王者所居稱宮焉。」

按宮為貴賤上下所居之通稱、于金文則然矣。

夕大室不必在京師例

⑩豆閉毀〻「隹王二月既生霸、辰在戊寅、王各于師戲大室井伯入右豆閉：：：」愙、十册。

②師虎𣪕：「隹元年六月既望甲戌，王在杜宓，格于太室，井伯內右師虎即位，立中廷……」憲，十一冊。

按右銘第①條師戲大室者，師戲之家廟也。第②條王在杜宓，宓與居同義。即王在杜居也。所各太室，皆不在京師，蓋王在外，則假其地之宮廟以行禮，不必在京師之太室也。左傳：「君冠，必以冠享之禮行之，以金石之樂節之，以先君之祧處之。今寡君在行，未可具也，請及兄弟之國而假備焉，」是其義也。

五、習射例

1、𤔲射例

靜𣪕：「隹六月初吉、王在莽京、丁卯、王令靜𤔲䠶學宮小子眔服眔小臣眔尸僕學䠶……靜斆無畀（斁）、王易靜鞞剢……」窓、十一冊。

按銘中小子、服、小臣、尸僕均官職名。服即尚書酒誥：「惟亞惟服」之服、尸僕、夷僕、亦見害𣪕、殆周禮隸僕之類、據上文言𤔲䠶學宮、乃教䠶于學宮也、以教䠶無斁、故錫物以嘉其勞也。

乙 鄉射例

鄉（合）射……」兩周、上。

① 令鼎：「王大藉（耤）農于諆田餳（場）、王射、有𤔲眔師小子

② 噩侯鼎：「王南征、伐角𨚕、唯還自征……休匽（宴）乃射

、「駁方鄉王射……」兩周、中。

按右①②兩條、均見「鄉射」二字、鄉者會合之義、其射非只一人、如①條、參與鄉射者有司師氏小子等、②條亦有王眾駁方、是鄉射者、合聚眾人而習射、即會射之意、射為六藝之一、所以觀德、揖讓升飲、正己而發、必至于轂、此亦典制之大者也。

六、軍旅例

人兵制例

八師例

①留壺：「隹正月初吉丁亥、王各于成周、井公入右、王乎尹氏冊命留曰：「更乃祖考作冢嗣土司徒于成

周八師、錫女鬯一卣、、其永寶用。乙」吉文。

② 白懋父毀、、「𫹶、東夷大反、白懋父以殷八師征東夷、、

、、」貞松、卷六。

按第①條知成周有八師、八師有冢司徒、各師必有小司徒、此司徒為軍職之一、與周禮屬于地官者亦不同。成周八師亦見小克鼎云、、「王命善夫克舍命于成周、遹正八師、」蓋成成周之師旅也。成殷之舊地者、亦有八師、則白懋父以殷八師征東夷是也。

2. 征伐例

① 不製毀、、「唯九月初吉戊申、白氏曰、、「不製、馭方厥允玁狁廣伐西俞、王令我羞追于西、余來歸獻

禽：：：女曰我𩰫車宕伐馭允于高陵、女多折首

埶嚟執訊：：：」兩周、中。

②明公尊：「唯王令明公遣三族伐東或國在口魯侯又口、

用作旅彝」貞松、卷七。

右第の條、某氏釋之云：「此與虢盤乃同時器、銘

中伯氏、即虢季子白。西俞即紀年之俞泉、爾雅

所謂北陵西隃、雁門是也。：：不埶馭方、即噩

侯馭方、一字一名。「廣伐」猶搏伐、成鼎：「

亦惟噩侯馭方率南淮夷東夷廣伐南國東國」、「與

此同。下復言「宕伐」亦同意。王國維引穀梁：

「長狄兄弟三人佚宕中國」、「謂「即宕伐之意」

是也。高陵、王國維釋為高陵可信、蓋太原之戎

西侵、虢公乃自後逐之戎失老巢者西竄至洛、復踰洛而南下至于高陵、不㜸以偏師殲滅之也。」

按戍鼎：「馭方率南淮夷東夷廣伐南國東國」銘言東國、蓋即第②條明公所伐之東國也。古代戎狄、華夏出師均言：「伐」、」自春秋嚴華戎之分、以禮樂征伐自天子出、則外入之寇多書侵、自中國出師、以討不庭乃書「伐」。金文屢見寇允、足見北方外族之為患、蓋已久矣。

又戍屯例

①稽卣：「稽從師雝父戍于古𠂤、蔑曆、錫貝卅寽、稽拜稽首……」兩周、上。

②臤觶：「隹十又三月既生霸丁卯、臤從師雝父戍于𠭯𠂤

之年、臤蔑曆、仲競父錫金、臤拜稽首……」同卷。

按二銘之師⿰氺隹父、師⿰氺隹父、當是一人、古𠂤、⿰古丰𠂤、古⿰古丰亦一字、⿰氺隹雝、均雝字之異文。⿰古丰又古之緐文也。又彔戜卣：「王命戜曰：「𠭯淮夷敢伐內國、女其以成周師戍于古𠂤、伯雝父蔑彔曆！巳」」按三器所記之人與事皆同、舉此以見古代屯戍之概況焉。

七、早朝例

の趙曹鼎一：「隹七年十月既生霸、王在周般宮、旦、王各大室、井伯入右趙曹立中廷、北嚮……」貞松、卷三。

②頌鼎：「隹三年五月既生霸甲戌、王在周康邵宮、旦、王各大室、即立、宰弘右頌入門立中廷；王乎史虢生册命頌：……」全卷。（二銘前已引、但各自爲用）

按銘中所言旦、王各大室云云、乃早朝之制也、此制肇端于周、迄清季而未改、于政制有莫大之關係！銘言：「旦、王各大室、」說文：「旦、明也。从日見一上、一地也、」此黎明平旦之朝也。此時人君即視朝御事、其起床必當在昧旦前。齊風雞鳴之詩：「雞既鳴矣、朝既盈矣、匪雞則鳴、蒼蠅之聲。東方明矣、朝既昌矣，匪東方則明、月出之光。蟲飛薨薨、甘與子同夢、會且歸矣、無庶予子憎、」據詩序雖以警哀公之怠慢朝政、然就詩內、東方明、朝既昌之言、亦足見早朝之遺風、禮記文王世子：「文王之為世子也、朝至于王季日三、雞初鳴而衣服至寢門外：：」此臣子之朝于君父也。漢書叔孫通傳：「儀！先平明、謁者治禮、引以次入殿門：：：于是皇帝輦出房：：：」傳文儀即朝儀也。先平明、師古注：「未平明之前」、此即早朝制度之重建也。自是以降、迄清仍未稍改焉。

附：與文獻史料之關係

昔孔子言夏殷之禮而深慨之不足徵！中庸：「無徵不信、不信民弗從、」傳世金文、為當今重要之文獻、可資之史料、不惟足徵可信，尤每與歷代載籍相互印證發明、請驗之于經史、其中佚文墜義、均可取資金文以為左證、蓋載籍經秦火之後、嚴防厲禁、莫敢挾藏。故傳曰書缺簡脫、禮壞樂崩、蓋深惜之也、加以壁經漢隸、今古師法、書吏傳鈔、詭更字形。于是字之紛歧、文之錯簡、往往而然、已全非宣尼刪訂之舊矣。經史面目既非、而後儒之詁訓者、又各逞私智、以臆為說、支離破碎、漫無統緒、遂至微言放絕、大義乖張、後之人雖欲右文稽古、莫不以此為病！至後世考據學家起、紛紛抉其疑竇而彌縫其闕失、然皆據經以考經、緣史以證史、或經史互校、率以載籍現存之文字為依據、縱有獨見、每囿于文字蹊徑之間、遂致碎義曲說、疑誤轉滋、而去古愈遠矣、逮趙宋時、金文學昌明、後起之彥、遂據彝銘考訂經史、而後知今世通行之楷書、去古文大篆絕遠、即說文所載之古文、猶多與金文字體不合、文字既誤而據以訓說經史、欲其詞達而理舉難矣、是故考證經史、必取類金文而後可、經史與金文有關之例至多！彳考訂譌誤、則知矢令彝諸里君百工、史頌敦友里君百姓、知尚書酒誥百姓里居、為里君之誤、令敦作册矢令、吳彝作册吳、般甗作册般、知作册為官名、而洛誥作册逸誥、舊釋斷句之非。又若國名之罕見者：孟鼎有南公、小孟鼎有趞伯、明伯、善鼎有能侯、此皆經傳所無、前人所未言者、太史公曰：余讀春秋古文、乃知中國之虞、與荊蠻句吳、兄弟也。然金文實無虞字、虞與吳同、即虞牧之虞、亦此皆作吳。此則史公之所未詳也。凡此概舉前人考證經史之一二、以見金文之大用。爰附與文獻史料之關係一項、內分二目、曰校訂例、以證經史文字之譌誤也、曰徵信例、以證實傳世經史之可信者、諸所引述、務在覈實足徵可信而後已、其于所不知、仍從蓋闕。

一、校訂例

人、訂春秋經之字例

の大鼎：「隹十又五年三月既生霸丁亥、王在⿱⿰米歸皿脤宮……」愙、五册。

吳清卿云：「⿱⿰米歸皿从米从皿从歸省聲、古饋字也。」春秋定十四年經：「天王使石尚來歸脤」、即此字、今經典通作歸、古文⿱⿰米歸皿遺之⿱⿰米歸皿、女歸之歸、截然兩字、本不相通也。論語：「歸孔子豚」、「齊人歸女樂、」皆當作⿱⿰米帚皿、故陸德明釋文兩歸字皆云：「歸字鄭本作饋、」此外如儀禮聘禮：「君使卿韋弁歸饔餼五牢、」左氏閔二年傳：「歸公乘馬、」昭二十四年傳：「歸王乘舟」、禮記曾子問：「不歸肉、」國語晉語：「敢歸之下執事、」或訓歸饋也，或訓歸遺也。其實皆⿱⿰米帚皿字、非歸字也。有古本一字、而後人分作兩字者、守狩、善膳是也。有古本兩字、而後人合為一字者、⿱⿰米帚皿歸是也、」

按吳氏以春秋「歸脤」饋社肉二字、以釋金文⿱⿰米帚皿脤之義及⿱⿰米帚皿為歸之正字皆是、此據彝銘以校訂經典文字之顯例也。

②令彝：「隹八月辰在甲申……眔諸尹、眔里君、眔百工
……」兩周、上。
按銘中「里君」二字、亦見史頌𣪘：「友里君百姓
」、王靜安羅振玉均謂：「書酒誥：『越百姓里
居』即里君之譌」至塙。逸周書商誓：「百官
里君、」亦同為字誤也。
③井仁鐘：「顯盄文祖皇考、克質厥德……」綴遺、一册
方濬益云：「按盄字又从心作惄。邾公華鐘曰：
『惄穆不墜于乃身』、沇兒鐘曰：『盄于仁義』
其義並同、蓋皆以淑為義。古叔淑同字、淑、善
也、因思書費誓：『善敹乃甲冑、敿乃干、無敢
不弔』、以下文『無敢不善』言之、則弔字當

為淑字之譌。又左昭二十六年傳王子朝告諸侯之詞曰：「帥羣不弔之人、」不弔即不淑、猶云不善之人耳。據此知書大誥諸篇之弗弔、詩節彼南山之不弔昊天、弔字皆當作淑。蓋由古文叔作尗、篆文之弔作弔、二字相近而譌者也……莊子德充符曰：「蘄以淑詭幻怪之名、」而齊物論：「其名為弔詭、」即淑詭之譌、灼然甚明……」按經傳叔淑字、皆以形近而譌作弔、解之者紛紜其說、後世至難通讀、得此說而正之、功莫大焉、此銘文有裨于經史、為不可否認之事實也

④睘卣：「隹十又九年、王在厈、王姜命作冊睘安夷〻伯、賓睘貝布……」綴遺、六冊。

方濬益云：「按西周之世，王后姜氏者，惟厲宣幽三王娶于申，前此則武王邑姜，見于左傳子產裨竈之言，餘無可考，此王姜不審何王后，然于左傳之文，不能無疑焉，經典及彝銘，載婦人名稱凡四：如王姬鄧曼，杜祁，胡歸，自父母家稱之也。芮姜，韓姞虢改，江羋，自夫家稱之也。以字則孟弋，仲子，叔隗，季嬀等是。以謚則戴嬀，文嬴，成周，定姒等是，邑既非國名，周書謚法又無邑謚。頗疑此字有譌誤，據杜注：曰邑姜，齊太公之女，乃正義引譜云：曰太公曰呂望，乃意邑姜本號呂姜，古文邑作8，與篆文8相似！篆文又變8為邑，後人涵8 8為一字，遂改左傳文為邑、觀說文邕作𡿺、而篆文作𡿺可以類例而知其致誤之故矣。」

按方氏由本銘「王姜」二字、疑傳文之「邑姜」並據金文女子名稱之例、推知邑乃呂字之誤、其說近是。

乙、訂詩例

號季子白盤：「隹十又二年正月……經維四方搏伐厥[illegible]、于洛之陽……」綴遺、四冊。

方濬益云：「詩六月：『薄伐玁狁』、毛鄭均不言薄為何義、惟芣苢：『薄言采之』、時邁：『薄言震之』、毛傳韓詩皆曰：『薄、辭也。』此文薄从干、與石鼓文同。而不埶敱、大章、戟字从戈、即搏之異文、从干與从戈同意、至宗周鐘作戮伐、兮伯吉父盤作廈伐、戮搏則一聲之轉、搏又通搏。詩車攻：「搏獸于敖」、乃東京賦及後漢書章懷注并作薄狩、初學記引同、是詩之薄伐、本字當作搏、而薄為借字、與薄采薄言之訓為辭者義別。」

按方氏徧檢金文搏字諸形、以訓釋經文諸博字之為段字、均至切合、至本銘于首章字體中已述及、惟彼重字形之考訂、此在于經文之通釋、為不同耳。

5、訂注誤例

(四)伯庶父簋蓋：「伯庶父作簋畝、其萬年子子孫孫永寶用、」

綴遺、四册。

方濬益云：「此器為簋而曰簋敦者、禮記明堂位：「有虞氏之兩敦、夏后氏之四璉、殷之六瑚、周之八簋、」鄭注：「皆黍稷器、制之異同未聞、」正義曰：「簋是黍稷之器、敦與瑚璉共、簠簋連文、故云黍稷器也。」按康成此注、不免疏舛、正義知其誤、而不能詳其制度異同之狀、故但以連文為解。其疏與鄭氏同、實則敦與簋為黍稷器、連即甗、其制為鼎甗相連、故又曰連、瑚即簠、其形橢方、古文作匿、即胡字。篆文作簠、今以古彝器證之、陳公子叔邍甗曰：「用鬻稻粱」、叔朕簠曰：「以乳稻粱、」史穴簠、叔家父簠皆曰：『用盛稻粱、』是甗與簠並為盛稻粱器……」

按鄭注以為敦連瑚簋、皆盛黍稷之器、由于不明古器物之形制、故名物淆亂、而其用亦不能明了、致有此誤、方氏辨之甚是。

②邾王鍴二：「隹正月吉日丁酉、邾王義楚、擇余吉金、自酢祭鍴……」奇觚、卷十八。

張玉珊云：「左傳昭六年：『徐儀楚聘于楚、楚子執之、逃歸、懼其叛也、使薳洩伐徐、』注：『儀楚、徐大夫、』今以鍴文證之、義楚即儀楚、非大夫乃徐王也、」劉心源以為：義乃儀之本字、誼為仁義字、後人借用而失其原義、張說是也。又云：「徐王不得出聘，此必儀楚為公子時事、書闕無徵，杜氏遂以大夫稱之也。」按此彝銘可訂注誤之例。

③毛公鼎：「𢦚非先告父厝，父厝舍命……」憲、四冊。

按舍命即發命、傳命也。詩：「舍矢如破，」「舍矢、發矢也、克鼎：「王命善夫克，舍命于成周、」明公彝：「舍三事命，」皆謂發命也。詩羔羊：「彼其之子，舍命不渝，」言其發命無違失也。故次章申之曰：「邦之司直，」而鄭箋乃以見危授命為言，不知此詩止頌其大夫之賢能，優于政事。並未涉及危亂，何忽以見危授命為言哉？以此知舍命之義，非由銘文證之，豈不沿誤終古乎。以上參用吳氏闓生釋。

④康侯鼎：「康侯丰乍寶彝」綴遺、二冊。

方濬益云：「世本云：『康叔居康、從康徙衛、』馬融、王肅皆云康國名、在千里之畿內、既滅管叔、更封為衛侯、然則此鼎自是未徙封時所作。故稱康侯、又康叔子曰康伯。史記索隱引世本：『衛康伯名髡、』是一傳之後、仍沿舊稱。知書康誥鄭注以康為諡、其說非也。」

按此據銘文知康乃國名、而鄭注以為諡之非是。

⑤善鼎：「唯十又二月初吉辰在丁亥……余其各(格)我宗子雩(與)百生(姓)、余用匄屯魯……」兩周、上。

某氏云：「大雅板：『宗子維城、』鄭注：『宗子

、謂王之適子」。此亦言宗子而與百姓對列，似
言百宗之子弟，鄭解不確。」

按百宗子弟，皆所以屏藩王室，非惟適子！其說
是也。

⑥ 曾壺：「隹正月初吉丁亥……王乎尹氏册命曾曰：『更
乃祖考乍冢𤔲土（司徒）于成周八𠂤……』」兩周、中

某氏云：「周禮大宰別稱冢宰，鄭云：『百官總焉
、則謂之冢』。今于司徒上亦冠以冢字，足證鄭
說未得」。

按冢亦訓大，見爾雅，非總統之義，鄭說似未允

⑦ 師訇鼎：「王若曰：『師訇……肄皇帝亡昊斁，臨保氒
周雩與四方民，亡不康靜……』」兩周、中。

某氏云：「曰肄皇帝亡旲，與毛公鼎：「曰肄皇天亡旲」語例全同，知古言皇帝即皇天。書呂刑：「曰皇帝哀矜庶戮之不辜」，又「曰皇帝清問下民」，偽孔傳均以為帝堯，據本器可斷其非。」

按孔注膠着字義，某氏以金文之語例，證經注之誤，其言是也。

4.訂史記之字例

◎鳳尊：「鳳作乃考寶尊彝，用萬年事。」綴遺，八冊。

方濬益云：「說文鳳之古文作[illegible]象形，鳳飛羣鳥從以數萬，故以為朋黨字。金文鳳字皆作[illegible]，或作[illegible]，與說文所收古文同而筆跡小異。按[illegible]、[illegible]，皆鳳之象形，[illegible]，象羣鳥從之，即朋字。銘文凡言五朋、十朋皆作𦥑是也。後世由篆而變隸、以𦥑為朋、朋與多形近、故國策韓公仲朋、史記甘茂傳作公仲侈、嘗推其故、意公仲之名、古書當作𦥑、後人既誤以朋為多、復以𠃌為人、遂譌侈耳、其實則𦥑之形變也。莊子徐無鬼篇：「謵朋前馬、乙崔譔本作侈、其誤並同、至漢書古今人表作公仲用、則又以隸體省朋為用而誤也。

按方氏以鳳字篆形、歷推其演化至楷書之字迹、以證史記譌朋為多、譌𠃌為人、合以為侈字之誤、其說是也。

②秦廿六年詔權：「乃詔丞相狀綰……」愙、二十四冊。

按右銘愙齋著錄者、凡十二器、貞松堂著錄者凡四器、文中皆明見：「丞相狀綰」四字、而史記始皇本紀（乾隆四年校刊本）：「丞相隗狀、丞相王綰……從與議于海上……」索隱：「隗姓狀名、有本作林者非、」又引顏之推所見以證作：「隗林」之本為誤。 按此乃孤證、今得金文十餘器、皆作狀綰、以證知「隗林」之非是。確切不易矣。上引諸器、當時傳詔所刻、故所在多有、得此始知史記有本作「隗林」、「林」之為譌字無疑矣。

5、訂世本等書之文例

⑩ 伯嬰父盨：「伯嬰父作畢姬尊盨、其萬年子孫永寶用、」綴遺、十三册。

按此媵畢姬之器也、左隱十一年傳：「寡人若朝于薛不敢與諸任齒、正義：「世本姓氏篇云：『任姓謝章薛舒呂祝終泉畢過也。』言此十國皆任姓也、」按畢為畢公高之後、姬姓國、與此銘合、世本以為任姓誤也。

② 王子申盞盂：「王子申、作嘉嬭盞盂、其眉壽無期、永保用之。」綴遺、十三冊。

方濬益云：「阮文達謂王子申、即楚令尹子西、說至塙。惟釋嬭字、引廣雅釋親：『嬭母也、』乃廣韻：『楚人呼母也、』乃二誼、與此殊不合、按薛氏款識、楚邛仲嬭南龢鐘……乃云云、為楚王媵女器、是邛仲嬭、與此器之嘉嬭、皆楚女、嬭乃楚姓、即經傳之芈字、史記楚世家：「陸終子六曰季連芈姓」、說文：「芈、羊鳴也」。此芈之本義、經傳以為楚姓者、乃同音叚借字、其本字正當作嬭。如任己曼隗諸姓、銘文作妊妀嫚媿、偏旁从女、是其證也。

按方氏以本銘及邛仲嬭鐘證知史記之芈、乃嬭之叚字、其說至塙、不可易也。

③陳侯午鐘：「隹十又四年、陳侯午以羣諸侯……」兩周、下。

按史記田敬仲完世家：「齊侯太公和卒、子桓公午立六年卒」、卒字下、索隱引紀年：「梁惠王十三年、當齊桓公十八年、後威王始見、則桓公十

九年而卒、」本銘：「隹十又四年、」即齊桓公

午之十四年、據銘文、桓公之立實不止六年。索

隱之言是、而史記：「桓公立六年而卒、」之文

為非、可斷言也。

6、訂漢書之事例

○敬武主家銅銚：「富平家、敬武主家銅銚五升二斤九兩

初元五年五月河東造第四。」貞松、卷

十五。

羅氏振玉云：「此漢嗣富平侯張臨家器。敬武主為

元帝妹、初下嫁張臨、後改適薛宣、事跡載漢書

張湯及薛宣傳、外戚恩澤世系表載臨以初元二年

嗣侯、十五年薨、此器署初元五年、疑即主下嫁

之年、臨嗣侯十五年、乃竟寧元年、主改適宣、據宣傳在宣後封為侯時、考表記宣以鴻嘉元年封高陽侯、永始二年免、其年復封、傳之後封、殆復封之譌、是主之改適在永始二年、宣以綏和元年免、其卒不知在何年？傳稱宣卒後、宣子況與主私亂、元始中、王莽自稱為安漢公、主出言非莽、為莽所嫉、飲藥死、考主下嫁張臨時、年雖不考、然至少亦且十四五、自初元五年至臨之薨竟寧元年、凡十二年、又下數至永始二年、改適薛宣、至綏和二年宣罷、主年已五十四五、又數年宣薨、主年當在數十內外、何至與宣子況私亂？意王莽欲加之罪、史家不知其為誣諱而漫記之耶「古今之竊人國者、往往于前代肆意詆毀、莽其作僞者也。予特為正之。」

按羅氏以銘中〻「初元五年、」四字之紀年、下推至薛宣之薨、主年已屆六十四五、不得有與子私亂之事、氏所辨正者甚是。據宣傳〻「元始中、莽自尊為安漢公、主又出言非莽〻〻莽并治況、發揚其罪、使使者以太皇太后詔賜主藥〻〻、死者迫守、主遂飲藥死、況梟首於市、」是莽實因嫉刻殺主、足徵傳文〻「況私從敦煌歸長安、會赦因留與主私亂、」皆莽誣衊之辭。竊謂史家叙當世之事、每有所隱諱而不敢直指之者、則假他辭以微見其端。將使後世讀者、知所覈析、方不失徵信之旨！請就漢書而言、淮陰侯傳云叙呂后將殺信之先、一則言云「信初之國、有變告信欲反、」再則曰云「人告公反、」皆無事實、後械信至洛陽、十年、高帝自將征豨、呂后決意誅信、與蕭何等謀、卒斬信于長樂鐘室、高祖聞信死、「且喜且哀之」、由此句知高祖畏惡其能、蓄意殺信已久。「且喜」二字、已見史氏明示高祖本心！傳所云云「謂之鄭志、是也。」由此又可見信之反、實為加誣之辭無疑、彭越傳云「呂后言上曰云「彭越、壯士也、今徙之蜀、此自遺患、不如遂誅之、」于是呂后令其舍人告越復反、廷尉奏請、遂夷越宗族、」觀此文而信、越之誣謀反至明、讀史者不可不辨也。

②唐端午進奉銀鋌：「浙江西道都團練觀察處置等使太中大夫檢校禮部尚書使持節潤州諸軍事兼……臣崔慎由進、」貞松、卷十六

按新唐書叙慎由歷官至略、舊傳較詳！然紀傳已自相矛盾、傳稱大中十年、以本官同平章事、而宣宗紀則在十一年二月（新書宣宗紀在十年十二月一傳又稱十一年入相、後加太中大夫兼禮部尚書、據此銀、則慎由鎮浙西道時、已加太中大夫檢校禮部尚書、此銘可據以訂正舊傳者也。

③城圖咈登：「𩫖城圖咈」綴遺、十一冊。

按漢書地理志云「城陽國故齊、文帝二年別為國（圜字内之昜、即陰陽字、此以國邑之名、故从口見意）莽曰莒陵、」按此即春秋莒國後入齊、戰國時已有城陽之名、不始于文帝之封朱虛侯章也

④趙曹鼎二：「隹十有五年五月既生霸壬午、龔（恭）王在新宮……」貞松、卷三。

按龔王即穆王之子恭王繄扈也、恭字金文多作龔、大克鼎同、恭王在位年限、向有四説：御覽八十五引帝王世紀云：「在位廿年」通鑑外紀作：「十年、」又引皇甫謐説為：「二十五年、」後世皇極經世等書、復推為十二年、世多視為定説。今據此銘、則恭王分明有：「十有五年、」彼二

十年與二十五年說、雖未知孰是、然如十年與十二年說、則皆非也。

二、徵信例

1. 詩書文字與銘文同符例

① 伯晨鼎：「隹王八月辰在丙午……錫女邑……一卣……旅弓旅矢……」愙、五冊。

按鼎文：「旅弓旅矢」、與書文侯之命：「旅弓一、旅矢百」、全同。旅弓即黸弓、經學家謂經中旅字當从玄作玈、據銘知古但作旅也。按此銘前已引而為用各別也。

② 杜伯乍叔嫞鬲：「杜伯乍叔嫞䵼鬲、其萬年子孫永寶用」、貞松、卷四。

按銘中嫞字作嫞、王靜安釋為嫞、謂即桑中詩美孟

庸矣之庸、傳：「庸、姓也。」正義：「列國姓

庸弋者無文以言之、正義深以為念。今乃得之金

文中矣。

③ 貉子卣蓋：「唯正月丁丑、王格于呂𣪘……王令士道歸

貉子鹿三、貉子對揚王休……」綴遺、六册

按廣雅釋詁：「歸、遺也。」金文作[illegible]、前已言之、貉子蓋北狄君長近王畿者。說文：「貉、北方豸種。」孟子：「子之道貉道也。」趙注：「貉、夷貉之人在荒服者也。」此文貉字作[illegible]、與孟子同。經典一作貊。詩皇矣：「貊其德音。」中庸：「施及蠻貊。」釋文皆曰本作貉。是貉為段

字也。

乙、毛詩文字與銘文近似例

①郄王鍴一：「徐王戊父之鍴溉之盤、」奇觚、九册。

按銘中「溉之盤」、與經文近似、詩檜風：「誰能亨魚、溉之釜鬵、」傳：「溉、滌也、鬵、釜屬、」周禮大宗伯：「宿眡滌濯、」注：「濯溉祭器也。」祭器必溉、故銘語云然。

②召伯虎毀其二：「隹六年四月甲子、王在莽、召白虎告曰：「余告慶乃……余呂邑嘰訊有嗣、余典勿敢封……對揚宗君其休、用乍……」兩周、中。

此銘所記與詩大雅江漢篇乃同時事、即召虎平定淮夷歸告成功而作、某氏云〻「詩〻曰告成于王」

即此之曰告慶」、詩之曰錫山土田于周受命」、

即此之曰余以邑訊有司余典勿敢封、」邑即所受

之土田也。典即所受之命冊・曰勿敢封」者、謂

不敢封存于天府也〻〻〻」所言是。

ㄆ、證實詩禮文字例

ㄇ 芮公鼎〻「芮公作鑄從鼎永寶用、」愙〻六冊。

按銘首一字闕、即古芮字省文、芮國名、詩「虞芮

質厥成、」又按序〻「芮伯、刺厲王也、」書旅

巢命序〻「芮伯作旅巢命、」傳〻「芮伯、同姓

。」此云芮公、當即芮伯所作之鼎、經有芮國、

金文有芮字、此器銘證實經文之例也。

②
九旒旗形敢：「[illegible]」窓、七冊。

銘作旗形九旒、禮樂記：「龍旂九流、」釋文：「本又作旒、」明堂位：「旂十有二旒。」釋文：「本又作斿、」十有二旒、乃天子之制、九旒則上公所用耳、故此銘可證實經文旂有旒之說也。

③
且子鼎：「丁卯、王命且子會西方于相……」窓、六冊

吳清卿云：「[illegible]、當釋且、讀若徂、詩皇矣：『侵阮徂共、』疏引魯詩說：『阮徂共皆為國名、』據此鼎：『且子』可為魯詩之一證。」

④
子承筐鼎：「[illegible]」攈古。

按此銘為二人承筐之形、詩鹿鳴：「承筐是將、」傳：「筐篚屬、所以行幣帛也、」又采蘋：「維

筐及筥」、傳：「方曰匡」、此旣方底、又有橫直界道、自方匡無疑也。

⑤楚王頵編鐘：「唯王正月初吉丁亥、楚王頵自乍︙」

貞松、卷一。

此鐘之字多殘泐、頵作䫆、殆頵之壞字、頵為楚成王名、左傳文公元年：「冬十月丁未楚世子商臣弑其君頵」（公穀均作髡）史記楚世家作惲、本銘作頵、與左氏同文。

⑥穴盉：「王在周、令作册内史錫穴鹵百䕶」古籀下。

按周禮春官：「内史掌王八枋（柄同）之法、凡命諸侯及孤卿大夫、則策命之、」此云作册内史、與周禮合。

⑦師湯父鼎：「隹十又二月初吉：：：王乎宰雁錫盝弓象弭

：：：」憲、四册。

銘内「盝弓象弭」、與詩小雅采薇：「象弭魚服」

合、毛傳：「象弭弓反末、所以解結也。」

4.證實人名例

㋺魯伯厚父盤：「魯伯厚父乍仲姬俞媵盤」、綴遺、四册

方濬益云：「按此伯厚父、即魯公子翬字厚諡專伯

者也、檀弓后木、鄭注：『魯孝公子惠伯翬之後

、「正義曰：『世本：孝公生惠伯革、其後為厚

氏。世本云革、此云翬也。世本云厚、此云后、

其字異耳。「王伯申曰：『革乃翬之脫文、后讀

為厚、翬、堅厚也」、又翬固義近、此人名翬字

厚、不惟義同、聲亦相近也。」

按方氏引此銘「魯伯厚父」以證檀弓注疏所引人名、其說近是。

⑵番生毀：「丕顯皇祖考穆……番生不敢弗帥井……」兩周、中。

某氏云：「詩十月篇：『蕃維司徒』、釋文云：『本或作潘、韓詩作繁』、人名表作：『司徒皮』師古云：『即十月之交、詩所謂：蕃維司徒是也』、今以本銘證之、則番乃正字、潘、蕃、皮、繁、均叚借之字也。

按此亦金文證實經傳人名之例。

⑶無叀鼎：「隹九月既望甲戌……𤔲徒南仲右無叀內入門

……」兩周、中。

南仲之名、見于小雅出車及大雅常武、出車云：「王命南仲、往城于方」、傳云：「王、殷王也、南仲、文王之屬」、常武云：「王命卿士、南仲太祖、太師皇父」、傳云：「王命南仲于太祖皇甫為太師」、則又以南仲為宣王時人、古今人表一于宣王時有南仲、列于上下、按當以宣王時人為近是。

5、證實左傳之文例

□𣪘：「□馭從王南征、伐楚荊、又有得、用乍父戊……」兩周、上。

按近人唐蘭以此為昭王南征時所作器。謂左傳言：

昭王南征而不復」僖四年、而古本竹書紀年言：「昭王十六年伐楚荊」、又言：「十九年天大曀、雉兔皆震、喪六師于漢」、合二書而觀之。則此言南征、實指昭王、「南征」之語、又與左傳相合也。

6、證漢書之字例

伯作⿰阝曼仲鼎：「伯作⿰阝曼仲寶隮彝」、愙、六册。

吳清卿云：「⿰阝曼當即曼字」、前漢書五行志：「曼滿

乃注：「鄭大夫乃左氏成三年傳：「諸侯伐鄭、鄭公子偃帥師禦之、⋯⋯覆諸鄤」、乃注：「鄤、鄭地也」、似曼與鄤為一字也、銘文有曼龔父盨、又有齊陳曼簠、皆不從阜、此從阜、疑曼之異

文、
按姓氏之與國邑、其字或从邑或否、在金文習見、如奠井不从邑、而匽則有从邑、有不从邑者、吳謂曼隁一字是也。至本銘曼字从阜、又曼之蘇文、此銘文可證史籍文字之一例。

乙證史記之事例

中子化盤ニ「中子化用保楚王、用正（征）梠（莒）、用擇其吉金、自乍盥盤、」兩周、下。

某氏云ニ「本銘中字、余謂即楚簡王名、楚世家ニ「惠王卒、子簡王中立、簡王元年北伐滅莒」、此言征莒、事亦相合。」

按文中記楚王「征莒」之事、與史籍相符、此銘文可證史事之例。

8、證穆天子傳中人名之例

毛伯班毀：「隹八月初吉在宗周、甲戌、王令毛伯更號城公服……王令毛公以邦冢君徒馭域國人伐東或國痟戎……班拜稽首……」西清古鑑、卷十三。

楊樹達云：「按銘首稱毛伯、繼稱毛公、下文又稱毛父、古鑑謂：『毛伯、毛公、毛公實一人。』乃是也、班則其人之名、余按毛伯班之名、經傳未見、惟穆天子傳卷四云：『丙寅天子至于鈃山之隊、東升于三道之隥、乃宿于二邊。命毛班逢固先于周、以待天子之命』又卷五記許男見穆王事云

「毛公舉幣玉」、郭璞注云：「毛公即毛班也」、毛班之文既與此文相合、班或稱毛公、又復相同。然則班為穆王時人、此銘乃穆王時事、而兩周金文辭大系考釋謂此毛公為文王之子毛叔鄭、列此銘于成王時、吳其昌金文曆朔疏證亦然、皆失之矣。按本銘所記毛班之名、與穆天子傳全同。此金文可證史籍人名之例也。

9、經傳國邑字源出金文例

①奠、古鄭字。

②井、古邢字、以上二字、見鄭邢叔鐘。愙、一冊。

③途、古徐字、沇兒鐘。愙、二冊。

④郾、古燕字、郾王戠戟。貞松、卷十二。

⑤ (八)、古芮字、芮公鼎、愙、六册。

按上列諸字、前人迭有證明。古國邑字見于金文、而與經傳留傳頗異者、如祝作鑄、滕作媵、郝作龜、韓作𩏑之類甚多、茲不偏舉。于此不識別、則銘文有考證經傳之資料不敢徵引、殊可惜也。

10、經傳姓氏字源出金文例

(1) 叔高父匜：「叔高父乍仲妘它、其萬年子子孫孫永寶用。」

貞松、卷十。

按說文：「妘、婦官也。」此云叔高父乍仲妘它、見妘為女姓、當是詩桑中：「美孟弋矣。」之弋之本字。傳：「弋姓也」。古文凡姓氏字、多加女旁、如嬀姒之例是。

②遣妊爵：「[illegible][illegible]」綴遺、十一冊。

方濬益云：「攈古齋款識有爵銘與此同、而非一器、誤釋為：『史子母壬』四字。今按上一字作[illegible]、為遣之省文、下為妊、女姓也。經傳作任、詩曰：『思齊太任、文王之母』、國語：『昔摯疇之國也、由太任』、注：『摯疇二國、任姓、奚仲仲虺之後』、後世以妊為妊娠字。說文：『妊、孕也』、經傳因此通叚為任、不復知妊為本字矣。」

按姓氏字、古多从女、如上例、任姓之本字為妊、方氏由此銘以證之甚是。

11.補詩書之闕文例

の艾敨：「隹十又二月既生霸丁亥、王使艾穢曆、命𢾊邦

……」吉文。

吳闓生曰：「因艾出使有績、命封之以國也。」徐同柏以𢾊為康叔名。謂此為康叔、殊未必然、惟彝器中有鼎銘曰：「𠂤康侯丰作寶尊」、確為康叔之器。姚姬傳因尚書有康誥、疑康叔先封于康、後乃封于衛、雖立此說而未有確證、得康叔鼎文證之、乃的然無疑。」

按康侯鼎銘作康侯丰、丰即封字、已于前章及之。由是據鼎文「丰」字、可補經之闕文（康侯曾封于康）也。

②北伯鬲鼎：「北伯𠂤彝」筠清、綴遺、二冊。

方濬益云：「筠清館金文錄此銘、釋北為兆、誤也。按此字為二人相背之形。此曰北伯、自是國名、字又作邶。說文：「邶、故商邑、在河內朝歌以北、詩譜曰：「自紂城而北謂之邶」、是邶之命名、正以其在殷都之北、武王克商、分紂城而封之、特其事不詳！得此銘知其爵為伯、可補詩之闕。」

按方氏釋北為邶是也。古國名之字、後世多增邑旁為之、如匽之作郾、井之作邢等皆是。

12、補左傳闕文例

宗周鐘：「王肇遹眚(省)文武堇(勤)疆土、南或(國)𠬝孳敢臽虐我土、王辜伐其至、戡伐氒都。𠬝孳廼遣閒來逆卲王南尸東尸具見、廿又六邦……」兩周、上。
楊樹達云：「邵王、某氏釋為昭王、其說甚確。余
謂此銘所記、即傳南征之事也、左僖四年：「齊
桓公以諸侯之師伐楚」、然何以南征？傳未言。
楚辭天問曰：「昭后成遊、南土爰底、厥利惟可、
逢彼白雉」、亦不記成遊之故、惟呂氏春秋音初
篇云：「周昭王親將征荊蠻、還反、涉漢、梁敗
、王及蔡公抎于漢中」、初學記卷七漢水下引竹
書紀年二事、其一云：「周昭王十六年伐楚荊、
涉漢過大兕」、其二云：「周昭十九年天大曀、
雉兔皆震、喪六師于漢」、二書紀昭王南征為荊
蠻、征楚荊。則南征二字、意義大明！今以此銘

證之、知呂覽所記征荊蠻者、實征艮子也。「艮蓋經傳之濮、書牧誓：「曰庸蜀羌髳微盧彭濮人」、偽孔傳：「曰庸濮在江漢之間」可信、昭王南征、既為討濮、而呂覽稱討荊蠻者、濮本荊州之蠻夷也。紀年又稱楚荊者、據紀年知昭王滯留江漢、前後四年、則征濮之外、兼征及楚、未可知也。」

按昭王南征之事、傳文不詳、得此銘知征者為濮與楚、此器銘可補傳之闕文也。

13. 補人名例

郾侯載戈：「右軍鎌郾侯載作」綴遺、十四冊。

按銘中郾即郾字、亦即燕字。史記燕召公世家：「孝侯薨、子成侯立」、世家失其名、索隱引紀年云：「名載」、則此戈正成侯所作也。戈而曰鎌者、說文：「鎌、鍥也、」刈禾所用、意者戈之援穿出與鎌同故託名之、此補史籍人名之例也。

14. 補史記闕文例

晉公𥂴：「隹王正月初吉丁亥、晉公曰：『我皇祖𩁹唐公否（丕）乍元女口口口口賸（媵）𥂴（甗）四酉：：：隹今小子整𩃥爾容、宗婦楚邦：：」兩周、下。

按此晉公媵女之器、銘中兩見隹字、為晉公之名。近人唐蘭謂當是晉定公午、唐公為晉公之祖、元女長女也。晉定公即位于魯昭公卅一年、在位三十六年、以魯哀公十八年卒。此言嫁其長女于楚、當是中年時事、于時楚為昭王珍、其子為惠王章、惠王即位于晉定公二十四年、則為晉公壻者、蓋即惠王矣、按晉定公嫁長女于楚事、于晉世家無可徵考、得此銘亦可補史記之闕文也。

附器銘略例

鐘鼎之屬、自昔號為彝器、左氏襄十九年傳：「且夫大伐小、取其所得以作彝器、」杜注：「彝、常也、謂鐘鼎為宗廟之常器」、而三代之際、九鼎所在、繫一國之存亡、春秋以降、器之重幾與土地人民等、傳稱齊人勝燕、必先遷其重器、而庭實旅百、諸侯分封、又多以是為主、記曰：「禮義以為器」、器之所以能藏禮義者、以其可以定名分、別尊卑、使不得相踰越、以塞僭竊之源也、凡器必有名、因名而知其器、孔子曰：「唯器與名、不可以假人、」慎之至也。前人之制器尚象、一物一名、皆有精意焉。說文：「名、自命也。」然則古人命名之義、所以示別也。有以自別、則人物分殊、人之與人、物之與物、亦各不相淆也。又上古蓋先有器後有名、其後世異時移、文勝其質、故器制益精、稱名日繁、而文物于是乎大備、後之人于器名察焉不精、語焉不詳、稱名淆亂、則制器之本義昧、此不可不先為之辨正也。凡器物之名、有通名焉、如銘稱彝、稱尊彝是也。有專名焉、如鐘鼎盤盂、各為一物是也。其名類、以年遠代易而形制偶殊、或器同而名號紛歧、皆繳繞而不易辨、又器銘多圖形文字、太氏為一國一族之徽號、不易辨認、亦不可強為解訓、以蹈郢書燕說之識也。器名例中、頗有涉及器物者、似亂古器物學之畛域。然本節所述、太半與銘文有關、故未專章敘列。而以殿于全文之後也。

凡例

(一)凡爵多以祖某父某名之。

按商代先王名稱、多冠以祖字而系以干支、如祖乙祖辛祖丁祖己等、且多有一天干字相配、如太乙太丁外丙仲壬沃丁小甲雍己等、蓋商代尚質之國風使然、至周而有名有字、且名字之義又相因而成、所謂郁郁乎文哉！故商代彝器多以祖某父某為名、其俗至周初猶未盡替、若據銘斷代、宜知商器多用祖父字樣、而周亦有仍因、固不得概以

有祖、父之字樣而遽定為商器也。爵名中以祖某

名之者、如：

甲、祖戊爵

乙、祖庚爵

丙、祖癸爵

上三器均見愙齋二十二冊。

丁、祖乙爵

戊、祖辛爵

上二器均見貞松、卷十。

以父某名之者、如：

甲、父癸爵

乙、父辛爵

丙、父乙爵

丁、父戊爵

上四器均見《愙齋》二十二冊、例多不更舉、

(二)凡商器多作亞字形。

按《愙齋集古錄》二十三冊亞形父乙爵釋云：「商器多作亞字形㇄、大氏亞形為殷代之圖象符識、前于字體章中已及、商器作亞字形者、歷代著錄家多以亞形某某名之、如：

甲、亞形中奉尊形父丁鼎。《殷文存》。

乙、亞中獸形父乙爵、貞松、卷十。

丙、亞父辛鼎、愙。

丁、亞父乙觚、貞松、卷九。

此例滋多、餘略。

(三)凡金文尊字皆作隩。

按如：

甲、父辛尊

乙、魚父乙尊

丙、吳尊蓋

丁、御方尊

上四器皆見窓齋集古錄十三冊、尊之偏旁阜

或在左、或在右、亦無定向、此幾為通例、不勝舉。

(四)凡盤匜之屬、多為媵器。

按盤匜為女子服用執奉之器也。左僖二十三年（公子重耳入秦）「秦伯納女五人、懷嬴與焉、奉匜沃盥、既而揮之、怒曰：『秦晉匹也、何以卑我？』公子懼、降服而囚」。」是盤匜為古女子執奉之器也、故以為媵、亦奉箕帚之義也。如：

甲、鬲伯盤：「隹正月初吉庚午、鬲伯媵嬴尹盤般、其萬年……」

乙、夆叔盤：「隹王正月初吉丁亥、夆叔乍季改盥盤、其眉壽萬年……」

丙、樵甫人作口妃盤：「樵甫人作口妃口賸媵盤……」

丁、陳白元匜：「陳白口之子白元乍西孟嬀媚母媵鉈、永壽用之。」

上四器均見貞松、卷十。

戊、慶叔匜：「慶叔乍朕(媵)子孟姜盥鍳、其眉壽萬年：：：匕兩周、下。

(五)凡器名多云某甲作某乙器。

按某甲作某乙器幾為通例、如：

甲、內子作叔媿鼎、攈古。

乙、邿季乍孟妊鼎、積古。

丙、召仲作生妣鬲、攀古。

丁、師害作文考敦、筠清。

戊、魚乍父庚尊、殷文存。

一、通名例

八、彝例

の伯鼎：「伯作鼎、」憲、六冊。

吳清卿曰：「鼎亦稱彝、知彝為彝器之通稱也。」

按古器通稱曰彝器、其名見于左氏、襄十九年傳：「且夫大伐小、取其所得以作彝器、」注：「彝、常也、謂鐘鼎為宗廟之常器、」又定四年傳：「祝宗卜史、備物典策、官司彝器、」注：「彝器、常用器、」疏：「官司彝器、謂百官常用之器、蓋鐏罍俎豆之屬、」據杜注則以重器、禮器通稱為彝也、自趙宋以來、歷代金文家著書、亦以彝器統名古器物、如阮元、朱善旂、吳雲、潘祖蔭諸家等著錄、一以彝器為名、是彝為古器之通稱無疑矣。

②持杖父辛尊：「持杖形父辛彝」綴遺、八册。

方濬益曰：「彝為凡器之總名。」

按吳方二氏釋彝字之義極是，如：

甲、鳥且癸毁，其銘曰：「用乍祖癸彝」貞松、卷五。

乙、龍母尊，其銘曰：「乍龍母彝」貞松、卷七。

丙、乍彝卣，其銘曰：「乍彝」貞松、卷八。

丁、父丁盉，其銘曰：「乍父丁彝」愙十四册

右例至多，不煩舉。

2、尊彝例

①父乙鼎：「乍父乙𨽍彝」、「窻」、三册。

按此器彝也。而銘之曰：「𨽍彝」、是二字亦古器之通名也。故吳清卿于釋文賸稿字庚鼎下亦云：「尊彝為彝器之通稱、」也。

②白示鬲：「白示乍𨽍彝」、貞松、卷四。

按此鬲而銘之曰「𨽍彝」、他如：

甲、鼎乍父乙甗、其銘曰：「鼎乍父乙𨽍彝」貞松。

乙、季受尊、其銘曰：「乍考口父𨽍彝」、貞松、卷七。

丙、戲卣、銘曰：「乍戲𨽍彝」、貞松、卷八。

丁、三家𣪘、銘曰：「：：：三家對乃休、用乍父丁尊彝」、愙、十二册。

按尊彝為禮器之總稱、固為通名、而稱寶尊彝者、亦通名也。如：

甲、子命作父癸毁、其銘曰：「子命乍父寶尊彝」、貞松、卷五。

乙、且乙尊、銘曰：「乍且乙寶尊彝」貞松卷七

丙、雁公壺、銘曰：「雁公乍寶尊彝」卷同上。

丁、白矩卣、銘曰：「白矩乍寶尊彝」貞松卷八

按此外又有稱寶尊、或寶彝、皆通名也、例略。

二、專名例

專名者、據其形制、用途等而劃分之、如鐘鼎盤盉之名、譬之草木、區以別矣。專名至為習見、其例概略之

。惟每一專名、又稱謂歧出、譬之尊也、有大共名之尊、（禮器全部）有小共名之尊（壺與罍等總稱）、又有專名之尊、盛酒器之侈口者、（見王靜安說）此則于下例中辨別之。

三、二器連名例

大鼎：「隹十又五年三月……用作朕烈考己伯盂鼎、大其子孫萬年永寶用。」三吉。

按銘曰：「乍朕烈考己伯盂鼎、」此實鼎也、而曰「盂鼎」、是連二器之名、以稱一器也。餘如穴盉、王仲皇父盉之稱盤盉、實則盉也。而連稱盤盉、皆同此例、是古人于器名有此稱呼也。

四、辨名物例

八、簋之諸名例

㈠中義父簋：「中義父乍旅盨簋，其永寶用。」（貞松卷六

本器稱旅簋，其字形作盨。

㈡為簋人簋：「為甫人作行盨（簋），用征用行，萬歲用尚。」（貞松，卷六。）

本器稱行簋，簋字仍作盨。按簋之為器，其銘詞多曰旅簋，如：

甲、鄭義伯簋：「鄭義伯作旅簋，子孫其永寶。」

乙、鄭𢍰叔簋：「鄭𢍰叔乍旅簋，其子孫永寶用

丙、食中走父簋：「食中走父作旅簋永寶……」

或曰行簋，本銘及虢叔簋蓋：「虢叔鑄行簋，子孫永寶用享。」大氏簋銘旅簋者極多，稱行簋少

數。行盨亦用之于行旅者、會盟征伐之事是也。與伯彊瑚之稱「行器」、史穴盨之稱「從王征行」、其義并同、亦有稱「饙盨」者、如京叔盨、則為食器。而盨字在金文多作盨、或省作須、亦作頪鎖、此字形之異、于器則一也。

2、鉦鐃鐸例

の鉦鐵：「隹正月……吉金乍鉦鐵呂……」貞松、卷一。

羅振玉云：「器名鉦鐵、殆猶後世之鉦、新莽有候騎鉦狀如小鐘、則為鉦無疑。此乃行軍之樂器、說文：「鉦、鐃也、似鈴、柄上下通。」今驗此器、柄不上下通。接載籍常有疏漏、賴出土之古物以補證之、此其顯例也。

②畢鐃：「[illegible]」畢。一字。貞松、卷一。

羅振玉云：「此器、文敏手題為鐸、不知鐸有舌而鐃無之。說文：『鐃、小鉦也、』已謂鐃與鉦同類、特以大小為別！鉦與鐃不僅大小異、形制亦異！鉦大而狹長；鐃小而短闊、鉦柄實、故長可手執、鐃柄短、故中空、須續以木柄、乃便執持、蓋鐃與鉦、皆柄在下而口向上……前人箸錄、每多誤鐃為鐸、無知為鐃者。」

按器物之辨、貴在目驗而較觀之、羅氏于古器物收藏甚富、目驗亦多、故其分別至詳塙也。

3、鐘之異名例

虢叔旅鐘：「………用作皇考惠叔大𣐺龢鐘………」愙、一冊

本銘曰：「大𣐺龢鐘」餘如：

甲、楚公鐘銘曰：「楚公口自乍寶大⿱亩殳鐘、」

乙、虘鐘銘曰：「乍朕文考釐伯龢𣐺鐘、」

丙、士父鐘云：「乍朕皇考叔氏寶𣐺鐘、」

丁、兮仲鐘銘曰：「兮仲乍大𣐺鐘、」

按以上諸字、皆从亩得聲、與林古韻同屬覃部、國語周語：「景王鑄無射而為大林、」與上諸器稱大𣐺合、惟大𣐺義不可解。吳清卿曰：「鐘文或曰寶鐘或曰龢鐘、或曰林龢鐘、或曰龢𣐺鐘、或云大𣐺鐘、或云寶𣐺鐘、皆嘉美之詞、與鐘律無與也。」今以秦公鐘：「乍叔龢鐘、氒名曰昔邦

」例之，晳邦乃鐘名，淑龢皆嘉美之詞，則吳說
是也。

五、器用例

①國差𦉜：「國差立事歲咸……鑄西𩫖寶𦉜四柄，用實旨
酒……」殷青、下。

銘曰：「用實旨酒，」此必酒器，乃銘文自言器用
之例也。

②大中宜酒銅器：「大中宜酒，」貞松，卷十五。

銘文凡四字曰：「大中宜酒」，此器小口碩腹曰宜
酒，則為古酒器無疑。

③叔家父簠：「父家父乍仲姬匡，用盛稻粱，」攈古。

銘曰：「用盛稻粱，」簠即盛稻粱之器，其顯示器

用也至明。

六、作器例

人無作者姓名例

の寶敦：「乍寶彝」、愙、七册。

按銘曰：「乍寶彝」、僅三字、集古錄著錄者凡三器、皆無作者姓名、吳清卿云：「疑古之市鬻器也、故無人名」、又云：「第三器有三足、制甚工、雖祇乍寶彝三字、亦市鬻之至精者」、竊以古人作詩文、有不願署名者、此亦其例歟！同册後頁有乙姜敦文曰：「乍乙姜」、亦同。貞松卷二所錄乍寶鼎、其銘曰：「乍寶鼎、子孫永寶用」、羅振玉亦云：「此器不言乍鼎人名、乃鬻器也。」

②祖日庚𣪘：「祖日庚乃孫作寶𣪘、用世孝享、其子孫其口寶用、」吉文。

此祭祖日庚之器、不言作者姓名、但明其身分、為所孝享者之孫也。

③貉子卣：「隹正月丁丑、王各于呂口：：王命士衜歸貉子鹿三、貉子對揚王休、用乍寶尊彝、」吉文

銘不著名、蓋蠻貉之君、不循常例—曰貉子、但明其族類與爵號而已。

④取善鼎：「取他人之善鼎、」貞松、卷二。

銘六字、曰：「取他人之善鼎」、孟子公孫丑：「大舜有大焉、善與人同、舍己從人、樂取于人以

為善、自耕稼陶漁以至為帝、無非取于人者」
義蓋本此銘之于鼎、以自儆戒、如湯盤之類、蓋
後世座右銘之肇端也。

2.器名上冠伯叔字例

の伯晨鼎：「隹王八月辰在丙午、王命韓侯伯晨曰：「辭
嗣乃祖考侯于韓……」窸、五册。
器名伯晨、以作者名字為器名、古人每以伯仲叔季
名、如詩：「自伯之東」、「伯也執殳」、「叔
兮伯兮」、故古器亦多有伯某叔某之名稱也。如
甲、伯乍寶鼎、窸。
乙、伯申鼎、積古。
丙、伯遲父鼎、攈古。

丁、伯旅鼎、敬吾。

右例多、不煩舉。

②叔攸鼎：「叔攸乍旅鼎」、貞松、卷二。

以叔字冠器名（即作器者以叔字為姓名也）之例、

如：

甲、叔碩父甗、陶古。

乙、叔乍彝鬲、攈古。

丙、叔𩞁鼎、愙。

丁、叔師父鼎、積古。

3、作某器名曰某例

秦公鐘：「秦公曰：……于秦執事、乍盄淑龢（鐘）、氒名曰替邦、其音鈌鈌雝雝、孔皇……」兩周、下。

銘曰：「乍淑龢鐘、乍名曰替邦、」知替邦乃鐘名、而淑龢皆嘉美之辭、作某器名曰某之例、又見于裹石磬、其銘曰：「自作造磬、乍名曰裹石、」其為例正同也。